人往風微

趙叔雍回憶錄

趙叔雍 原著
蔡登山 主編

導讀
趙叔雍和他的《人往風微錄》

蔡登山

二〇〇九年一月十三日的《上海書評》二十六期有星樺〈談趙叔雍〉說：「談起趙叔雍，內地的出版物所記都很簡略，連生卒年也多有出入。前讀《顏惠慶日記》，提及他的地方均錯譯成『趙叔榮』。《上海近百年詩詞選》將他的生卒年定為（一九〇二—一九六〇），而二〇〇八年十二月二十八日《上海書評》刊曹其敏〈話說「梅黨」〉一文作（一九〇〇—？），都錯了。」而張暉在〈趙叔雍其人及其他〉文中亦說：「趙叔雍的生平行跡在大陸沉晦已久，各類辭典都對他的卒年付之闕如」。

但筆者從趙氏《高梧軒詩全集》末附其女兒趙文漪跋可得知，趙氏是卒於丁巳（一九六五）年「七月三日丑時」。雖是如此，但其行跡還是簡略，因之查考當年與他有過交往的人士，梳理出一些線索，或可拾遺補闕也。

趙叔雍（一八九八—一九六五）名尊嶽，齋名高梧軒、珍重閣。江蘇武進人。他的父親趙鳳昌（字竹君），是張之洞的重要幕僚，在清末民初政壇上很有影響力。略微知道一些近代史的人，即使不知道趙本人，但對於「湖廣總督張之洞，一品夫人趙鳳昌」這句「謔而虐」的刻薄諷刺，總是有些耳聞的。根據姚崧齡所寫的「民國人物小傳」云：「趙鳳昌（一八五六—一九三八）少時家貧，失學，入錢莊習賈。嗣以掛欠，被斥退。富戶朱某鑒其聰明伶俐，為納資報捐雜職，分省廣東候補，時年甫二十。旋入粵藩姚覲元（彥侍）署中，任書啟。光緒十年（一八八四），張之洞任兩廣總督，鳳昌夤緣充督署文巡捕（侍從）。日久受之洞賞識，升充文案，參預機要。光緒十五年（一八八九），之洞移督兩湖，遂隨赴武昌，益見信任，升充總文案。鳳昌讀書雖少，而記憶力強，且富忍耐性，工於迎合揣摩。與之洞朝夕相處，久而久之，極能了解之洞心性，悉其癖好，居然能代擬公牘，符合旨意，摹仿其書法，幾可亂真。光緒十九年（一八九三），大理寺卿徐致祥奏劾之洞辜恩負職，涉及鳳昌。查辦結果，之洞免議，鳳昌則革職永不敘用，勒令回籍。時官已保至直隸州知州矣。之洞對鳳昌所受處分，不免抱屈，特於武昌電報局給予掛名乾薪差使，常川駐滬，為其耳目。鳳昌於是與盛宣懷、張謇、何嗣焜、沈瑜慶、陳三立、湯壽潛、施炳燮等人結識。庚子拳亂，與諸人謀議，勸導張之洞參加東南自保。光緒末年，對於君憲運動，暗中復多鼓吹。時與主辦《時報》之狄葆賢（楚青），及江浙名流多所往還，互通聲氣。辛亥革命，南北議和，北方代表唐紹儀抵滬後，即挽鳳昌約晤張謇，暗示袁世凱如能被推為總統，則不難迫使清廷退位。鳳昌原與紹儀熟識，所居上海公共租界南陽路惜陰堂遂變為南北代表與同盟會要人黃興等，幕後商洽條件之所。迨孫中山先生返國，亦嘗與諸人相見於惜陰堂。而鳳昌則面陳滬漢情勢，及建國理財諸要端，頗蒙採納。關於當時爭執最烈之第一任內閣總理，必須由同盟會會員擔任一問題，竟然經鳳昌從旁建議由唐紹儀加入同盟會，即以會員資格當選充任，獲得中山先生同意，而告解決。蓋與會諸人認為辦法如此，雙方兼顧，紹儀可作孫、袁兩臨時總統新舊交替之橋樑，使南北統一，早日實現。鳳昌以此，亦遂被譽為『民國誕生之助產婆』云。南京臨時政府成立之際，漢治萍（煤鐵）總公司主持人盛宣懷逃避日本，政府因即指派鳳昌代表官股出任該公司董事長。嗣以不同意以公司產權押借日款而辭職。尋與張謇、章炳麟、湯壽潛、熊希齡及江浙地方人士，於同盟會之外，組織『統一黨』，由張謇任理事長，章炳麟任秘書長，鳳昌任基金監。臨時政府北遷後，鳳昌反對『統一黨』黨部隨之北移，遂辭去基金監職，不問黨務。從此息影滬濱，以迄壽終。」

其中關於趙鳳昌的被革職永不敘用一事，學者孔祥吉在〈評一代奇人趙鳳昌及其藏札〉中認為，劉禺生在《世載堂雜憶》所記含混不清，大多是沿襲胡鈞所編《張文襄公年譜》所載，不排除為尊者諱、為親者諱的可能。而當時曾派兩江總督劉坤一、兩廣總督李瀚章按照徐致祥所參各節，查明據實具奏。李瀚章居官圓滑，不願得罪人，因此稱趙鳳昌非但無干預公事，反而「曾將洋行例送茶金，呈繳充公。」但劉坤一的調查報告說趙鳳昌「其人工於心計，張之洞頗信用之。該員雖無為人營謀差缺實據，而與通省寅僚結納最寬，其門如市，跡近招搖，以致物議沸騰，聲名狼籍。……不恤人言，罔知自愛，似應請旨即予革職，並勒令回籍，以肅官方。」這些評語不能說不嚴厲，正是導致趙鳳昌的被革職的主因。

根據錢聽濤的資料說，趙鳳昌元配夫人洪元，生一女名汝歡，又名志仁，適蘇州潘一山。繼配夫人周南，廣東人，生女汝和，又名志道。早年就讀上海中西女塾，辛亥革命時到武漢參加救護隊，支持民軍，以後留美，與楊杏佛結婚。據《中國民權保障同盟》一書稱，楊杏佛遇刺時他們已離異，但仍去弔唁送輓聯。她一直活到一九七六年才以八十七歲高齡在上海去世。她和楊杏佛生有兒子楊小佛，曾任全國政協委員，一直在上海社會科學院工作。

周夫人生子趙尊嶽，原名汝樂，字叔雍。趙叔雍可算是「名父之子」。在上海南洋公學畢業後，周夫人不願他隨姊赴美留學，遂從清末民初四大詞人之一的況周頤（蕙風）填詞。據況蕙風的女婿陳巨來在《安持人物瑣記》中說：「趙老乃求朱（彊村）介紹，以叔雍執贄侍函丈焉，每年奉束修一千元（其後又有潮州巨駔之子陳蒙安〔運彰〕為弟子，年奉五百元）。時叔雍只十八歲，專以填詞為主，蒙安亦如之。當時況公為二人所改削之詞稿，幾潤飾十之八九也。余乙丑冬為況氏東床後，蓋屢見不鮮也。叔雍自列況門之後，將況公所著之《蕙風詞》二冊、《蕙風詞話》四冊、《證壁集》二卷等四五種之多，均由叔雍獨資付揚州姜文卿刻字店刊木版印成行世者，而他自己亦有《和晏小山詞》一冊附之於後。此和詞，據況公告我云：因感其刊印之功，故為之大改大潤者云云。」

趙叔雍對詞學有很深的造詣，撰寫了許多詞學方面的研究文章。一九九二年上海古籍出版社出版了趙叔雍輯《明詞彙刊》（又稱《惜陰堂彙刻明詞》、《惜陰堂明詞叢書》），彙集明詞二百六十八種，是迄今明詞輯刻規模最大的叢書。趙氏搜輯明詞，始於一九二四年。他早歲師從況蕙風，蕙風輯《歷代詞人考鑒》已至元代，因明詞無多，難以繼續。趙氏承蕙風之業，遂立意於明詞之輯刻。至一九三六年，得詞林同道趙萬里、唐圭璋和著名藏家董康、徐乃昌、葉恭綽等相助，彙集當時即已罕見之本，「隨得隨刊，將三百家，各集均撰短跋為記」，即今《明詞彙刊》本。唐圭璋先生為之撰寫跋語評價說：「叔雍方彙刻明詞，逾二百家，珍本秘笈重見人間，尋三百年前詞人之墜緒，集朱明一代文苑之大觀。」而趙叔雍也自認為「執此以觀，則明詞非不繁富。惟因多附見詩文集，且有清一代，絕少搜輯之者，故未易獲其全豹。即此不圖，後更無及。充愚公移山之願，竟精衛填海之功，亦談茲道者所謬許乎。」可以說，趙叔雍對保存明詞原貌與全面搜羅明詞做了扎實的工作，為《全明詞》的編纂奠定了重要的基礎。

陳巨來又說：「據聞叔雍為南洋公學畢業者，趙以《申報》大股東，故叔雍得為該報總秘書名義，能指揮一切者（一說，只監察員名義云）。」對於此事，當時同在報界的金雄白說：「因為史量才從我鄉席子佩先生手裡接辦了《申報》，因『申報』兩字沒有在契約中規定一併讓渡，而史量才於接盤後仍以《申報》名義出版，為席子佩控於上海公共租界的會審公廨（俗稱新衙門），至被出票拘提。要了事，就得要錢，而那時的史量才，還是蠶桑學校教書的窮措大，接盤《申報》，還都仗羅掘與別人的幫忙，忽有意外鉅款的支付，自出於他能力之外。幸叔雍的尊人竹君先生與南通張季直出而援手，商之於蘇省當道（似為程德全），以省款支援，而事始得解。叔雍的進入《申報》服務，且甚得史量才的倚畀，是愛他的才氣，也所以報其先人的相助之德也。」

當年上海《商報》記者胡憨珠後來在《申報與史量才》一書中說：「終因申報在起出組織時期，以趙竹君與應季中兩人的主張最堅，出力最大，而出錢投資也最多，始得實現向席子佩手中，把《申報》接盤過來，從而使史量才獲遂主持辦理出版報紙的心願。如今他爭取得全部主權，擁有統一局面的《申報》以後可說是有志竟成，不過總算他吃飯尚未忘記種田人，於是他就把趙竹君的兒子趙尊嶽（叔雍）與應季中的兒子朱應鵬，（按：應季中娶杭州朱御史之女，當說親時，議定係兼祧朱應兩姓，凡頭生之子必須為朱氏香火的繼祀人，此即應季中長子命名朱應鵬的原由）全被汲引進入《申報》編輯部做事。他們兩人都是所謂名父之子，亦各才華清茂，文采斐然。惟趙叔雍的賦性則聰穎敏慧，行為卻沖和靈活，而朱應鵬恰恰反之，他的生性則樸實無華，脾氣卻固執不化。是以史量才對此兩個故人之子，稍稍存有一點愛憎的偏見觀念。便也因此，他對趙、應兩家那筆立據的借款，趙叔雍需要用款時，立索即可立得如數。朱應鵬需要用款時，則屢索無著，故他常為此事感覺氣惱而在編輯室中，大發脾氣。」

一九二八年「五三」濟南慘案發生後，舉國憤慨，當時外交部長王正廷，以日人蠻橫無理，慘絕人寰，亟欲將日人之暴行，昭告於全世界，於是暗中策動上海新聞界發起組織國際新聞記者調查團，前往濟南實地調查，揭露日軍兇殘真相。當時記者調查團的成員為：上海四大報代表——《新聞報》的嚴獨鶴、《申報》的康通一、《時報》的金雄白、《時事新報》的趙叔雍（當時《申報》總經理張竹平代孔祥熙收購了英文《大陸報》與原為政學系的《時事新報》，又創辦了《大晚報》與《申時電訊社》，號稱四社，堅邀趙叔雍入《時事新報》助陣）；外國記者有英文《密勒士評論報》的鮑威爾、法文報女記者艷奴，及一名美國福斯影片公司的攝影師，一行七人。金雄白（筆名朱子家）就是在此次的調查行動中與趙叔雍訂交的。據金雄白說趙叔雍給他的第一印象，就是十足的名士派。他說：「大連丸從上海出發，一路波平如鏡，我們總在傍晚時分，群聚在甲板上，欣賞燦爛的晚霞，享受襲袂的涼風。一天，正在倚欄閒談，而奇景出現了，表演這一幕奇景的就是叔雍。他整整齊齊的穿著一襲中國綢大褂，因為剛浴罷，竟然裡面未加寸縷，上海人稱外有長袍，而內無褻衣的叫做『雞籠罩』。這名詞說穿了不太雅馴，但是不失為最適當的妙喻。意思是長袍覆蓋於外，正如雞籠那樣的空自籠罩，其實內無他物，僅一白鳥鶴鶴而已。不料叔雍的隨便，而海風狡獪，卻故意弄人，一陣狂飆吹來，把他的長袍飄捲，於是鬚眉畢現，無所遁形，別人到也罷了，艷奴目睹到這一幕奇景，無心中看到了東方的白鶴，為之前仰後合，捧腹大笑。此後數十年中，我們還常常以雞籠罩來對他作為取笑的話柄。在我所寫《黃埔江的濁浪》一書中，曾述其經過，叔雍讀後，寄我詩云：碧海青天卅四年，艷奴蹤跡渺如煙。依前老我雞籠罩，每說風情尚惘然！後加小註云：『雄白兄敘近代史事，涉及舊遊，彌滋悵觸，作絕句貽之，用誌鴻爪。』叔雍那一份毫無造作而饒有風趣的名士派，在在處處都會自然流露。」

一九三一年春，史量才為進行《申報》的全面革新，先行實現了黃炎培所獻的組設「申報總管理處」之策。該處的組織成員，除史量才自任總理以外，基幹人員六人，計為總編輯的張蘊和，經理的馬蔭良，中文秘書的趙叔雍，英文秘書的錢伯明以及被邀來新入《申報》的黃炎培與陳彬龢。

一九三四年十一月十三日下午，滬杭道上——浙江海寧翁家埠，史量才遭國民黨軍統特務有預謀的暗殺，終年五十四歲。十四日，《申報》以醒目大標題刊出〈本報總理史量才先生噩耗〉及遺像，另趙叔雍撰寫〈哀悼史量才先生〉代替《申報》社論。如所眾知，趙叔雍自有其清茂博碩的才華，對於這篇訃告文字，他以清麗絕俗的優美詞藻，搆撰成如晉代文人雅士所作的小品文，從而寫出史量才的死因真相。胡憨珠認為該文雖未說明「匹夫無罪，懷璧其罪」的一點內情。但帷燈匣劍，蛛絲馬跡，已盡其隱約可見的影痕索跡之妙。才人筆墨，非常人可及。所以一般人說趙叔雍自史量才接盤《申報》之日起即已追隨史氏左右，他在《申報》館二十三年的年日過程裡，只是吃喝玩樂，並無有若何的特殊成績之可言，但憑此次史氏遇難之後，是他撰寫〈哀悼史量才先生〉的一篇《申報》社論，與革新史氏死後訃告文字的廣告設計兩事，已足以酬報館的慷慨養士之德了。

史量才死後，趙叔雍依然在《申報》。史量才之子史詠賡在陳彬龢的慫恿之下，雄心萬丈，在一九三八年三月一日，在香港發刊《申報》香港版。馬蔭良與趙叔雍等老臣都到香港指揮辦報，趙叔雍還擬就編輯部和經理部的名單，他以陳陶遺為總編輯，特別拍出急電到上海，調來孫恩霖與鄺笑庵兩人來港。使各人負責主編一版的任務，而後再配以自動前來投效的馮烈山與柯舞詔，以及陳彬龢所舉薦的湯建勳、王顯廷、陳賡雅等人組成編輯部。當港版《申報》正式出版以後的一個多月，趙叔雍眼看經編兩部工作人員，都已上了軌道。於是，把編輯部交還給史詠賡和馬蔭良，才賦歸上海。

對於趙叔雍，朱樸（省齋）說得極好，他說：「珍重閣為詞學名家，梅黨健將，宦遊南北，三十餘載，上自光宣遺老，下迄當代鉅公，無不親炙交遊，文酒往還，因能熟悉掌故，言之有物……文筆綺綺麗，一時無兩，深為讀者所讚嘆云。」對於「梅黨健將」，金雄白就說：「大約在民國十三四年間，梅蘭芳到上海演戲，剛好《新聞報》的文公達也是個梅迷。……梅蘭芳一到，這《申報》與《新聞報》的兩枝健筆，就排口在副刊上大捧特捧，劇評而外，兼及梅之起居注，為捧角文字中前所未有之盛。」金雄白又說：「以後，在戰時，中國銀行在滬復業，董事中有馮耿光（幼偉），有吳震修，有叔雍，也有我，他們這三位，不僅是捧梅的健將，而且是梅的死黨。馮耿光人稱馮二爺，在他於民初任中國銀行總裁時起，就以梅的保護人自居，靡日不相見，無事不代勞，以致人們有不慊於梅者，說他是『背上駝個馮耿光，胸前抱個福芝芳』（按：福為梅之繼室），雖不免有失忠厚，但可見兩人關係之深之密。中國銀行銀行董事會中，有著如此三位的捧梅人物，對於行務倒像是虛應故事。形式上討論告一段落之後，就是你一句，我一聲的畹華如何如何，與小玖兒（案：為梅之子葆玖）的如何如何了。他們談得吐沫橫飛，讚不絕口，叔雍更往往雜以笑語，興會淋漓。這個行務會議，也無異於變成了梅蘭芳的座談會，我看到他們的痴態可掬，也發現了他們都不失為是性情中人。」

一九六一年八月八日凌晨，梅蘭芳在北京辭世。當時遠在新加坡的趙叔雍在得知消息的第二天，他用蘇東坡贈息軒道士韻寫了一首古詩悼念他，詩云：「投老隱炎陬，為歡憶少日。烏衣識風度，壯齒未二十。朝朝會文酒，夜夜巾車出。我甫欲南征，細語別樓隙。凡茲不勝紀，一擲拼今昔。忍哀對遺影，猶似聶歌席。成連嗟入海，風雨徒四壁。」趙叔雍在〈世界藝人梅蘭芳評傳〉文中，還說：「我以前寫過不少梅先生的記載，很多是他的身邊瑣事，愛看的人，說寫得很有趣味，不愛的人，便說不談梅先生的劇藝，祇談他的生活，無聊之至。他們又哪裡懂得我的用意，原在列舉各種材料，供給人家研究梅先生的修養的用處呢。我敢再說一句，凡是治現代史的人，對於研究對象的重心人物，實在應該這樣做去，才有成績。不要盡憑大人物有些『違心之論』的演說和開會演說時『裝腔作勢』的鏡頭，來下批評，在他們，那些根本是一部分的業務，正和梅氏的舞台演出一樣而已。」

趙叔雍在抗戰中附逆是他一生中的一個汙點，有論者指出，楊杏佛（銓）和趙叔雍是郎舅至親，楊被刺身死，叔雍頗受刺激，因而他於抗日期中竟參加了汪記偽府。對此金雄白認為「叔雍的參加汪政權，我也不以為是為了受他的姊丈楊杏佛受刺的刺激。淪陷區的慘狀是他目擊的，汪先生與竹君先生是故知，而與他又為吟友，公誼私情，又以他不羈的性格，遂以『社會上負有重望之人士』的身分而參與此歷史上悲劇的一幕。最初，汪先生在上海的機關報《中華日報》復刊時，他列名於評論委員之內，以後陳公博出任上海市長，由他登任秘書長，書生從政，應付上有時會欠於圓滑，有人所求不遂，曾出之以中傷之舉。事實上他的出佐公博，秘書長的職務不過是表面的，公博建立電台聯絡軍人，以與重慶暗通聲氣，知之而又助之者即為叔雍，所以公博在獄中所寫〈八年來的回憶〉一文中有這樣的記述：『軍事方面已和顧墨三（按為顧祝同）和何柱國取得聯絡，大概今年五六勝間（按指一九四五年），有一位姓楊的湘人，名字我也忘記，可以問趙尊嶽（叔雍名），奉陶廣軍長之命來見我商量，軍事合作，共同剿共』云云，足證叔雍之參加汪政府，並不是由於私人的意氣。」

金雄白又說：「叔雍於一九四四年冬，繼林柏生之後而出任宣傳部部長。那時汪氏已病逝日本，公博繼任主席，宣傳部在汪府中是一個重要的機構，大約經公博與佛海共同商量而始決定任命的。那時我正在上海主持《平報》社務，有一天晚上，我到佛海上海居爾典路的滬寓，不料高朋滿座，陳公博、梅思平、岑心叔、羅君強與叔雍等都在，佛海忽然笑著對我說：『叔雍將主管各報社而出任宣傳部長，你們是老友，你要不要向他表示歡迎道賀之意？』我聽到了這一消息，覺得有些突然，而且我以為以詞人而擔負行政工作也並不相宜，因自恃為故交，我過去拉了他一下袖角，拖他到無人的屋角，輕聲的對他說：『不久將酒闌人散了，你又何苦於此時再來赴席？』叔雍卻還是他那一副吊兒郎當的習性，他卻笑笑說：『你比喻得並不當，我是一向坐在桌邊在看人家打麻雀，此時八圈已畢，有人興猶未闌，而有人起身欲去，我作壁上觀久矣，三缺一，未免有傷陰隲，何苦敗人之興，就索性入局，以待終場。』他的一生行事，不論鉅細，也總是顯出他遊戲人間的名士行徑。」

抗戰勝利後趙叔雍也因此淪為階下囚，他和嚴家熾、汪曼雲、俞紹瀛、張韜及其婿譚仲將等均羈在上海南市車站路看守所，後來移到提籃橋監獄，家產惜陰堂也給沒收了。在監獄時，那些牢友總是愁眉相對，他卻能不怨天、不尤人，還是輕輕鬆鬆的那副老脾氣。他和梁鴻志還在監獄裡作詩，梁鴻志進提籃橋後的第一首詩就是給趙叔雍的，因為他們詩酒往還關係太深了。趙叔雍和梁鴻志隔室聯吟，用宮體詩十餘律，把陰森的監獄，描摹得恍惚成為紅牆碧瓦、雕欄畫棟般的皇宮。

服刑三年後出獄，他於一九四八年寄跡香江，阮囊不裕，先為中華書局海外編譯局的編輯，後又執鞭餬口，於香港文商專科學校任教。然而家庭變故接踵而至，先是他的兒子典堯一九五〇年在廣州病逝，傷明之痛，人所難堪。其夫人王季淑，係出福州望族（是當今文物大家王世襄的姑母），其曾祖父王雁汀（廢雲）遍歷中外，是清季名臣，伯父王可莊（仁堪）光緒丁丑狀元，父旭莊（仁東）光緒丙子舉人，著有《完巢詩稿》。因此季淑也工詩善書法，名士才媛當年在惜陰堂唱和，以趙明誠、李清照自況。伉儷之情本篤，不意為流言所傷，晚年竟至失和。不久，尤其女兒文漪接往新加坡奉養，他不甘坐食，應了馬來亞大學之聘，在中文系擔任詞章教授，他寫給親友信中，有「寄跡南荒，索居苦寂，臨老作嫁，為飢而驅」之語。他常往來香港、新加坡之間，與饒選堂、曾履川多有唱酬。章士釗每次來香港，都與之會聚。一九五六年章士釗南來，所撰詩結集為《章孤桐先生南遊吟草》，叔雍為之經營出版，並撰文介紹了章詩的特色，還對章士釗南來的意圖有所披露，是值得玩味的文字。

一九六二年他的老友齊如山在臺病故，趙叔雍寫了一首輓詩，題曰：「得如山大隱之耗，旬日始奉遺書，益增涕淚，題詩誌輓」詩云：「驗封滴滴墨痕新，雪涕天涯已古人。著作平生戡偽體，多能一藝重斯文。舊遊深巷投門客，細字潛聲去國身，知更誰能倡絕學，不堪滄海幾揚塵。」以斯文骨肉之情，寫朋舊凋零之感，既傷逝者，行亦自念，其愴痛可知。

趙叔雍老去頹唐，客中寂寞，猶須嘔心與粉筆毛錐為緣。何以解憂，唯有杜康，因得黃疸病，延醫已遲，終至不起。他口占請友人代書的「絕筆詩」云：「病魔鬥藥事如何？萬苦千辛備一茹！夜擁重衾猶觳觫，晨看疏雨待朝蘇。危時擲命尋常事，垂老珍生是至愚。大好頭顱吾付汝，此中頗有未完書。」其女兒文漪註云：「先父病篤時曾欲捐眼睛頭顱贈醫院，時家人無在側者，為朋輩所阻。此為當時口占友人代書之絕筆詩，足見先父偉大之人格與豁達之天性。」至於「未完書」云云，應該他一直想寫而未能寫的「詞學源流」等書。

趙叔雍生於詩書門第，其父惜陰老人為其遍訪碩學之士，使其有所師承，加上他天賦聰明，得大詞家況蕙風之薰陶，卓然成家。詩文冠絕儕輩，駢文典麗、古文樸茂，而且手揮目送，下筆千言，不加雕琢，往往談笑中成之，其博聞強記工夫，令人傾服。至於他的為人，與他有四十年之交的金雄白稱之曰：「可愛處全在不拘繩墨的那一份名士風流，能豪飲、能談笑，一肚子的書，一肚子的當代名公鉅卿的遺聞軼事，說來莊諧雜出，使人聽而忘倦。」

趙叔雍故世前數年，曾說家藏文物如過眼雲煙，唯《高梧軒圖卷》，不知下落，引為遺憾！七〇年代此圖卷忽在香港出現，成為一件著名的文物。高梧軒為趙叔雍在杭州所築的讀書之所，因書齋正對花園，中有兩株高大的梧桐樹而名之。它的名氣雖不及惜陰堂響亮，但亦時見於文人的篇什。掌故大家高伯雨說：「原來老父專壑惜陰堂，而少主人則據高梧吟嘯，咳吐珠玉，名士風流，雛鳳清於老鳳矣。」《高梧軒圖卷》是一九二一年趙叔雍請蘇州畫師顧麟士（鶴逸）

所繪，畫的本身沒有什麼特出之處，倒是題詠的人卻薈萃了一時的大名士，分別是況周頤、陳石遺（衍）、陳三立、陳寶琛、孫德謙、朱祖謀（彊村）、李宣倜（釋戡）、馮君木、周梅泉（達）九人，其所寶貴也在此。

趙叔雍從詞學家況周頤（蕙風）學詞，是知名的詞學家，他所寫的文章大都是有關詞學的。但一九四三年三月十六日他在《古今》半月刊第十九期連載《人往風微錄》，陸陸續續寫了十篇有關人物的傳記，分別是：（一）唐紹儀、（二）張謇、孝若、（三）熊希齡、（四）莊蘊寬、（五）朱祖謀、（六）屠寄、（七）鄭孝胥、長子垂、（八）沈曾植、（九）嚴幾道、（十）徐潤。這些赫赫有名的人物，都是他父親趙鳳昌的好友，昔日都經常往來於「惜陰堂」的，他也親見而時加請益的對象。後來他認為當「發憤為紀先哲嘉言，識其小者，用備史官之旁證，追疇日之歡悰」，於是他寫下這十篇文章，許多事是他親歷親聞的，極具史料之價值。而他所寫的這些懷人的小傳記，又「筆端常帶感情」者，出自他詞人之筆，堪稱雋永之作！

惜當年刊登於《古今》的這批文章，並無標點，亦無分段，雖一氣呵成，但對年輕朋友在閱讀上是有些困難。一九六五年趙叔雍去世後，香港《春秋》雜誌重刊其遺文，乃重新標點分段並加上篇名及小標題，便於讀者閱讀。今筆者則採用兩者相互校正，重新打字排版。

另趙叔雍號稱「梅黨健將」，他的長文〈世界藝人梅蘭芳評傳〉寫出他近身觀察到的梅蘭芳，是研究梅蘭芳不可多得的史料。同樣的他寫〈國劇大師齊如山〉，是在齊如山在臺灣逝世後，他遠在新加坡的《南洋商報》撰文悼念，情文並茂，人既可傳，文亦足傳。

「惜陰堂」乃趙叔雍父親趙鳳昌在上海之寓所，當辛亥革命時，代表南方革命派的人物多假其地為會議之所，而趙鳳昌亦從中盡力策劃，以助革命成功。〈惜陰堂辛亥革命記〉是一九六一年趙叔雍應北京中央文史館所作，以紀念辛亥革命五十周年。趙叔雍在原稿上還有題識云：「祖父精勤幹國，不自表曝，今年辛亥五十周，京師文史館方屬撰述舊事，以補文獻，特鈔印付舉之珍藏，庶知先人功業，應更自勉矣。父識，辛丑十月。」其中「舉之」為長女文漪女士小名。此文後來雖收錄於《辛亥革命資料選編》中，但刪節頗多，今依高伯雨所得之於趙文漪女士之原文（此文曾刊之於一九七〇年九月香港《大華》雜誌復刊之第一卷第三期及第四期），重新排版校正。

序

余不好學，仰荷蔭庇，數十年抗塵人海，不屑用世，而又未嘗不為世用也。頗憶垂髫時，敬侍庭訓，一時豪俊文學之士，來往「惜陰堂」者，輒獲請益，丈人輩行，無不以進德修業相勗勉；少長學問，又嘗得名師承授；旋者于役南北，交遊益眾，長揖公卿，閒治文酒，乃至藝流卜隱，無不引與相共，見聞日廣，造詣亦漸進，竊欲排日作記，少存往跡，苦未得暇，滋可慨已。退食以還，偶獲清暇，往事重疊，歷歷在目，發憤為紀先哲嘉言，識其小者，用備史官之旁證，追疇日之歡悰，小園花木，曾見驚鴻，年光倒流，庶幾華表，傷逝之私，固有不能已於哀樂中年者。抽管之餘，不勝為之神往已。

目次

難逃一斧的唐紹儀

唐紹儀，字少川，廣東香山人，旋改中山。其先聚族而居，地以族名，曰唐家灣。居戶商賈，無不族人，比戶列廛，富甲鄉國，距灣不遠，有叢山，則道光之際，其祖父輩避英艦所棲泊也。幼時應出洋考試，十五歲即赴美留學，輒冠其曹，歸滬後，由滬返粵，船隻失事，會與同學梁敦彥尚書同室，急難之際，眾客喧呶，獨置衣物不顧，挈餅餌火器下小艇以行，機智果敢，梁益禮重之。

梁敦彥留官粵東，紹儀則去北洋，入李文忠公幕府，辦理譯務，李名大震。唐氏初嘗就海關末秩，總稅務司赫德，以英人為我規劃關政，中外建制，顯多軒輊，唐積不能平，遂上書披瀝其事。赫德召之入見曰：「青年胡乃氣盛？新進不容置詞，慎緘爾口，勤謹奉公。」唐一怒去職，瀕行函赫德曰：「當吾主關政時，必有以正之也。」迨後果出任稅務督辦，拜命之日，即傳見赫德，嚴詞告誠，赫德退直，鬱鬱求去。

唐氏既登幕府，復去高麗，隨袁世凱主持交涉，因與英使朱爾典為莫逆交。中東戰後，歸任津海關道，津海固腴缺，一任輒積貲百十萬，紹儀周旋尊俎，力崇國體，精治飲饌，排日餽遺，以窺國情，十得八九，西洋人士咸樂為之用，乃致歲有虧損，其家猶按時餽款存濟之，舉世以為異事。後調任東三省時，相地鳩材，益闊官署，所揮斥者至鉅，建樹亦特多。生平博學深思，豪情壯語，公卿每禮重，亦莫不嚴憚之。

李文忠督粵時，唐隨節北行，舟過虎門，巖石如畫，李掀髯睥睨，謂嘗聞粵東王氣，惟此是賴，特虎頭內向，是以謀功不成，唐遽應聲曰：「虎頭會有外轉之時，公其俟之。」又戊戌變起，奉廷寄，發康梁祖墓，文忠計無所出，招僚吏集議，文忠之長子經方亦侍座，左右依違無一詞，唐則請置勿行，且披陳歷國政事，語侵及李，李為怫然。議未諧，側席請退，即束裝草辭呈，襆被且行，經方素日與共飯，日旰未見傳膳，往室內覘之，曰：「吾言不直，但自行耳。」經方稟之堂上，李獨邀入見，溫諭慰勉，唐猶嘵嘵。李曰：「若言誠是，特不宜當眾指陳，吾子旁侍，更不宜語侵老夫，汝意吾誠識之，可速歸治公牘，毋呶呶向人也。」唐垂老猶憶其事，以李為知人善用，策勳定國，於此覘之。逮返北洋，世凱倚之如左右手，唐固通治術，識政要，且右民主，與北洋閥閱委蛇，非其志也。

辛亥革命事起，唐氏陰贊共和，南北議和之際，先公密電謂君來當可奠定國是，餘子碌碌，不足與言。袁項城亦卒任之為總代表。初議在漢口開會，先公復告以江漢用兵之地，舟車艱阻，非在上海，不足以綜全國之輿情，一天下之視聽，因改道赴滬。先公為介見孫中山、黃克強兩先生，克強湘籍，相見尚為寒暄語，中山先生鄉人，僅道闊別而已。

和議既成，任內閣總理，扞格不獲申其素願，黃禎祥復劫持之，遂謝官閉戶。世凱又謀帝制自為，則力格其非，逮窺其異志已決，不為所動，乃脫身南行，一時人望益歸之。

西南護法之役，奮身參與，實綜其成。既以病養疴日本，東瀛朝野，倒屣泰盞。旋任中山模範縣長，以牧令巡隸政府，時亦垂垂老矣。則就故園蒔花疊石以自娛，園榜共樂，就土山環堵，建樓一楹，平舍一椽，登樓觀海，滄波浩淼，風檣沙嶼，歷歷在目，以款賓客，來者雲集。閒事臨池，學米襄陽，而自謂不工，不樂為人染翰。

民國十九年，兩粵自外寧府，別立建制，亦預其役。東北變起，鬩牆事定，優遊滬粵，片言隻字，胥為當世所引重，語亦不肯輕發。迨陳濟棠稱兵，敬事攸加，虛與款曲，終勸其釋兵柄，顧大體，舉家北歸，息影廬山者六閱月，益不願問世事。

民二十六年，中日構釁，目怵心傷，病榻中宵，徬徨無策，一時兩國朝野，冀挽浩劫，多往請益，雖輒婉卻，而豪俊賓客，借箸以籌，遂為忌者所中，屬刺客往襲殺之。時其幼女甫將于歸，家人瑣冗，未遑將護，亦以素性恬淡，不置更衛，故得乘間以入也。

唐平日亢爽耿直，雙目炯炯，舉措昂然，每值休沐，必張筵以款故舊，中年間事行博，雖盛負，一及正事，拍案即起，絕不介意。又好鑑別名瓷，收藏甚富，晚年多出以易米，而振卹資助，莫不樂為，有叩之者，必輸巨款。投老尤好讀書，晨夕把卷，客至追述年時掌故，移晷不倦。

民國元年，娶繼配吳夫人，要以薙鬚，欣然從之，行禮上海趙氏園，黃克強為之證婚，一時播為佳話。四十年前，余方弱冠，即隨侍先公，獲接手采，既而往還南北，每承清誨。

民十九年于役粵垣，堅邀赴園居，研討政事，遂作客觀海樓，得攬山海之勝。唐氏督辦開灤礦務時，美利堅人胡佛為工程師，事隔二十餘載，胡佛膺總統選舉，有中傷之者，謂其在開灤時不檢細行。右胡佛者函詢究竟，唐覆白其誣，胡佛始任元首，時言中美敦睦者，欲其赴美一行，益連敦槃之好，而折衝者陰泥之，不果行，知者以為憾事。

我所認識的鄭孝胥父子

鄭孝胥字蘇戡，別號海藏，原籍福建閩縣，但出生於蘇州之胥門，故以孝胥名。父守廉，清末遊宦吳中，以文詞著名，有《考功詞》一卷行世。

幼讀經史、馳譽京國

鄭氏世重經學，閩人尤重讀經。孝胥方童子時，即能背誦九經，深通義解。總角入庠，十八歲中解元，馳譽京國，為部郎。雖京官薄仕，而意氣揚溢，治詩治古文，領袖騷壇。又好新政，主立憲，召見之際，頗蒙德宗（光緒帝）知遇，嘗保薩鎮冰堪大用，德宗即擢鎮冰，卒為名將。鄭繼赴湖北，從張文襄公（之洞）遊，論詩論政，均相投分。有詩記與壺公論夜色，「四更霜月抱冰堂」。足見其琴尊之樂。又「三十不官寧有道，一身負氣恐全非。」兩語，為世稱誦。文襄經緯區宇，致力事功，又以清流盟主，為文章魁首，延攬英俊，探討古今，宜相沆瀣也。

孝胥居武昌時，題所居為「盟鷗榭」，作詩紀之，繼外簡日本神戶領事，折衝樽俎，頗盡其長。且於置園建懷人享。孝胥以新學尚新政，遂任外交。在日時尚孜孜習英文，粗窺門徑。又與彼邦學者相還往，益通立憲之政要。任滿歸來，赴廣西為邊防督辦，進言兵事，吾鄉孟森任記室，與共甘苦，解職時為撰《龍州邊防記》一卷。

客居滬上、營海藏樓

孝胥才情豪溢，論兵忍事，輒自比於希文塞上之役。罷官歸來，遂客上海，與張謇、湯壽潛及先公組預備立憲公會，鎮日議憲政事。復與先公有結鄰之約，即營「海藏樓」。闢地植櫻花，購自東瀛，粉白黛綠，凡數十株，為海上櫻林之冠。既而出任湖南布政使，嘗右盛宣懷國有鐵路之策。清代卒以鐵路國有，收回川漢鐵路，滋起事端，以釀成辛亥八月十九日之革命。

孝胥後歸滬，為遺臣。辛亥冬間，馮國璋奉命攻武漢三鎮，且調海軍，將收夾擊之效，武漢幾致糜爛，先公憂之，勸其馳電鎮冰，毋以政治種族關係，禍及人民，遂立發一電，手稿猶在。先公嘗笑謂世稱孝胥為復辟黨，背叛民國，吾乃知其效忠民國。有此一電，可資左證也。自此以還，杜門不出，商務印書館經理張元濟、李宣龔，延其主董事會。先後十餘年，改革館制，徵存文獻，孜孜不言勞苦。《四部叢刊》初編議定，更為去取陳篇，俾於影本留真之外，兼為治學者之門徑，時與繆筱珊諸君相商榷。袁世凱既柄國政，頗思所以羅致之者，屢徵均不應，告速駕者曰：「吾決不干祿，當道信重我，或令伯平，往襄政務。」伯平蓋金邦平，其女夫也。巴拿馬時有博覽會，張謇長農商部，擬聘其往主會務，漫遊海外，亦勿肯承。

書法挺勁、自成一家

孝胥無多資，自奉甚儉，出入乘三等電車，或步行二三十里。商務印書館，但月奉二百元耳，則以鬻書為生資，歲入逾萬金，為一時行輩之冠。孝胥天才奔放，學書早年出入蘇黃之間，於寬博中具見堅秀之致，漸益瘦硬，自成一家，勁挺生澀，別具姿態。或如拗鐵為枝，或如古梅著幹，更進臨北碑，融鄭文公、張猛龍於一爐，謹嚴秀麗，特工結構，所書壽屏墓志銘，冠絕一代。又進作篆隸，或以己意行之，迨流沙古簡，重見中土，則參以流沙。其訓人也，以為作書當自古而今，篆隸流沙至於南北朝，始能有骨，再以神明通之，資以學力，而卒底於大成，以自名一家。其論書亦視前人為精到，暇則邀習戚黨少年為習字會，余亦往與，命模史晨碑，先後經歲，無所進益。其評余學，謂過不經意，不能筆筆俱到，敬拜其言，終勿能用。一時模其書法者遍海內，亦迄無成就，往往徒取貌似，以收名定價。天津張氏，曾遍輯其書法之學為專集，更進書章草，兼學畫松，虬枝巨幹，意氣不凡。亦不以之應市。偶為知好塗抹，得者珍如拱璧。又益事歌詩，本著詩名，重以學力，出入宋賢堂廡，而別新其面目，舉國尊為大師，號海藏體。持法同光以來，風氣一變。孝胥預其流輩，崇比祭酒。所相探討者，海上往還陳衍、夏敬觀、李宣龔、周達，尤相投分。陳衍序其詩集，持論最精；周達瓣香最篤，亦特重之。方周達移居，即以所構木屋，逐贈園中，為親榜「盟鷗榭」，以紀曩跡。所作風華內斂，具見至情。論史論事，更復警策。苦語深詞，動人肝膈。而老謀奇計，亦一一見諸吟詠。以受光緒帝之知遇，故輒多頌聖，而詆東朝，比諸金輪之列。又賦性特立獨行，故一不作和章，二少作壽詩題詠。其時樊增祥、易順鼎輒以唱酬角逐，反復和至數十篇章，戒弗預也。日人重其文名清節，請為東遊，往返經月，備受推戴，識與不識，咸欲得其片紙隻字以為榮。名公鉅卿，爭相倒屣。暇又與諸遺老，約為讀經之會，復手書焦氏孟子經解，付之影印，月必數會。言必尊王。附於經義。先後凡歷數年。

輔佐溥儀、心力交瘁

孝胥亦愛聽歌，嗜尚獨異。世尊梅蘭芳為香祖，鄭雖與往還，初不之重，獨喜與王靈珠遊。靈珠藝不過爾爾，而受薰陶者備至。因之周信芳（麒麟童）小子和（馮春航）等，均預遊宴，輒為詩歌以張之。有「天女姮娥意不禁，寄情何必遽離形。尋常哀樂移人處，獨許靈珠見性靈。」之作，抑揚甚深。小子和且從之受書學，亦事鬻書，而老去頗不能自持。靈珠亦不能售其技，改業至哈爾濱設藥肆，終於客死。孝胥輒與朋儔為觴宴，同年一元會，飲饌極少，且不食雞鴨蔥蒜之屬，而戒庖甚精。每年櫻花盛開時，排日張宴，先後旬日，曾不少輟。余屢與盛會，如在目前。又其園丁，工蒔花，年植數百盆，海上有賽菊會，必登上選。即其北居時，春秋盛日，必南歸旬留，用資勝賞。於北行授宣統讀書，與陳寶琛、莊士敦同為師傅，遂攜長子垂北居。昧爽趨值，講解通鑑；又為規劃一切，主張延攬人才，別謀大舉。先設博物圖書館，整治治慶豐司所管莊房業產，而舊人閹寺，以利將歸公，咸不之直。馮玉祥班師之役，親侍溥儀出宮，同車載至日本使館。又同去天津張家花園。因亦移家天津，居耀華里，日至園居，料量將侍，孤忠耿節，海內亦多曲諒其誠。東北事起，偕溥儀同去大連，先後數年，心力交瘁，一一見之於篇章。仍以詩文，自遣永晝。方北居時，即售海上故居，鳩地北京西直門大街，廣袤二十餘畝，別建梅藏樓。親自規劃為崇樓，四圍廊廡，庇以高柳，氣宇魁宏，顧迄未及觀成也。閒居數載，長子垂歿後，頗自抑鬱。既感腰疾，作書時忽不能支，病甫旬日，竟歸道山。孝胥軀幹高朗，神采弈弈，善自攝生。昧爽即起，飲饌至罕。每日徒步數十里，知友咸以為壽徵。亦偶耽遊讌。海上時有名伶金月梅，色藝稱最，孝胥暱之特甚，時過所居為宴集。一日將去漢，臨別觀其《翠屏山》一劇，同過鈿閣，薄有所贈。瀕梯授以一函，即引劇中賓白，告月梅曰：「飯不能飽，酒不能醉。」舉座為之鬨然，風趣可見。終納之而不能終守之也。

長子暴斃、大傷老懷

孝胥長子名垂，留學日本，為早稻田高材生。魁偉幹練，並長於游泳角力諸技，為彼邦學子所愛敬。辛亥歸國，任杭州法政學堂教師。旋以教師改用命令，遂拂袖歸滬。家居奉親、臨池作文，饒有家法。擊球蹴踘，無一不精。暇則研討政治，砥礪學術。余總角時，即相投契，無日不見，如是者數載。既隨侍孝胥北行，同預內直。凡有樽俎折衝之事、舌人重譯之勞，一一任之。金梁保奏人才一摺，胡適、劉承幹以次，亦及之，謂堪大用。自出宮而天津而大連而奉天，輒在左右。旋為國務院秘書。以賦性戇直，不為時俗所喜，受排而去，竟得急病以歿。年僅四十七歲。孝胥深痛之。三子勝，初在青島，後入同濟大學。力學深思，亦不永年。存者次子禹、五子何。為能承世澤、繼家學者也。

嚴幾道是人才抑為庸才？

嚴幾道，字又陵，初名宗光，福建閩候人也。年十四，就馬江船政學堂習海軍，時清廷銳意新政，洪楊之後，奮發圖治。沈葆楨創導船政於福建馬江，一時俊秀子弟，應者雲集。船政局監督為法人日意格，所習均應用科學，凡五年卒業，派登建威練習艦，遍赴南北洋。其後船政局自製五兵船成，遂改派登揚武艦，游弋日本，旌節數至，圍觀者至數萬人云。

水師學堂、任總教習

臺灣番社之變，沈葆楨奉詔視師，幾道隨船詗察，勘量海口，月餘竣事，瞭若指掌。既而與劉步蟾、薩鎮冰等同期赴英，入格林威治抱士莫德大學院，以求深造。所習為高等算學、化學、海軍戰術、海軍公法、及砲壘建築諸科。時日本亦遣生留學西洋，伊藤博文、大隈重信均與其選。湖南郭嵩燾，適持節英倫，與語，大悅之，輒為遊揚。

幾道卒業後歸國，任船政教員，而李鴻章在北洋，亦正經營軍務，於天津設水師學堂，遂辟為總教習。嚴氏授學之餘，讀書自遣，尤愛英人斯賓塞所著之《社會學》，韋編三絕，以為實兼東方思想、集《大學》、《中庸》之大成，因為迻譯，題以《群學肄言》。幾道平日愛讀子部，至是始發軔治西籍群哲之言，因之通於治世之道。常日好論議，而或不為世所見重，遂多鬱怫。嘗為詩復鄭孝胥。有云：「輿官充水手，自審非其腳。不祥固金性，時時冶中躍。……或云科目人，轉瞬皆臺閣。不者亦清流，師友動寥廓。忽爾大動心，男兒宜此芳。……」蓋平生以未預科第為恥。此後雖奮發治八比，終於報罷。以積勞為道員，分發直隸，聞嵩燾歿，感嘆殊甚，為致語輓之曰：「平生蒙國士之知，而今鶴翅氋氃激賞深慚羊叔子；惟公負獨醒之累，在昔蛾眉謠諑，離憂豈僅屈靈均。」一時傳誦。

甲午之戰、割地賠款

甲午中日搆釁，李鴻章知師未可用，頗事慎重。翁同龢等則主戰甚力。幾道知戰危，輒曰：「湘淮平亂，蓋以賊法平賊，無論不足以當西洋節制之師，即東洋得其緒餘，已足欺我中國。今日之事，正坐平日學問之非，與士大夫心術之壞。由今之道，無變今之俗，雖管葛復生，亦且無能為力。翁張名士，痛參合肥，即易帥亦未必能了此事。」後果不出所料，賠款割地，為之腐心切齒。於是幾道亟欲與著述以驚惕世俗，乃作〈世變論〉刊布於天津《直報》，使人民多習西洋治化，勿加汰棄。即亦非汰棄可以制勝。且為之詞曰：「西人首明平等。中國親親而西人尚賢。中國以孝治天下，而西人以公治天下。中國尊主，而西人隆民。中國貴一道而同風，西人貴黨居而州處。中國多忌諱，西人重議評。其於財政也：中國重節流，而西人重開源。中國追淳樸，而西人求歡娛。其接物也：中國美謙屈，而西人務發舒。中國尚節文，而西人樂簡易。其於為學也：中國誇多識，而西人尊新知。其於禍災也：中國委天數，而西人持人力。」其說雖未必即能別中西之淄澠，然在攘夷之說甚囂塵上之際，盡情宣洩，以驚末俗，敢於陳詞，亦有足多者。

四十四歲、譯《天演論》

幾道尤愛讀達爾文斯賓塞「物競天擇」之論。譯之為《群學》。亦即今所謂「社會學」也。以荀子有「人之貴於禽獸者，以其能群」語，故以群學名。且詔人以欲治群學，當先自名數力質之學始，俾民力民智民德三者俱強，以優民生，以振國威。教化政法，胥出於是。又為文以廢八股，反韓昌黎〈原道〉。蓋其大旨，莫不在尊民以隆俗；尊今以叛古。開民智以反專制。一時學者，風起從之。其畢生譯事則在四十四歲時之譯赫胥黎《天演論》。行文一出以莊老諸子之筆，意匠經營，並自課譯作信達雅三例，永為譯界之圭臬。其所自譯者，不曰譯而曰達恉，蓋幾道每於原文，探取精義，自為經緯，而不為尋章摘句之學。惟後生淺學，不易窺測，轉或病之。即其末流之弊，亦輒有與原義相疏落者。西學耆宿辜湯生（鴻銘），即頗加詆諆，以為所譯不能盡作者之長也。又幾道譯書，好入以吾儒訓故。桐城吳汝綸，即馳書謂「自撰一書，可縱意馳騁，若以譯赫氏之書為名，則篇中所引古人古事，皆宜以元書所稱西方者為當，似不必改用中國人語，以中事中人，固非赫氏所及知，法宜如晉宋名流所譯佛書，與中儒著述，顯分體裁，似為入式。此在大著，雖為小節，又已見之例言，然究不若純用原書之為尤美。」旋與錢唐夏曾佑創辦《國聞報》，復譯英人亞丹斯密士之計學，先後成五冊。原書名《國富性質及原因之研究》，謂為計學，繼又改名為《原富》。譯本刊布，洛陽紙貴，不脛而走者遍南北，士氣為之一變，風尚於以轉移。而嫉之者或謂其能坐而言，乃不能起而行。汝綸為力辯之。次年特詔徵人才，以王錫藩薦，召對稱旨，命上所擬萬言書，力陳法敝不變之害，不幸為治之事，弊常伏於久安之中；謀國之難，患常起於所防之外。治標則事勢太逼，恐無救於危亡；治本則積疾未祛，亦無益於貧弱。是以未變法前當宜急行者三：一聯各國之歡，一結百姓之心，一破把持之局。其書終格於大臣，不得上。又譯約翰麥勒之《自由論》，且為敘例以彰之。

與孫先生、話不投機

庚子兵禍起，幾道避地上海，開「名學會」以講學，海上為之風靡。七月聯軍陷京師，上海以有東南互保之約，匕鬯不驚。各省人民，以德宗西狩，遂組國會。推南海容閎及幾道為正副會長。閏八月，與陸樹德及德醫貝爾滂、陳季同、洪中等北行，援救避難官民五千五百餘人，脫出重圍。歸來譯約翰麥勒所著《名學》，亦即近人所稱之「邏輯學」也。自敘謂名義始於希臘，實為一切法之法，一切學之學。明其為體之尊、為用之廣，而後變希臘舊文羅各斯為邏輯以名之，學者可以知其精深廣大。吾國最初譯本為明季李之藻之《名理探》，近日稅務司譯有《辯學啟蒙》，曰探曰辯，皆不足盡其學之長，必求近似，姑以名學譯之。蓋中文惟名字所涵，其奧衍精博，與羅各司差似。而學問思辯，皆所以求誠正名之事，不得捨其全而用其偏也。長沙張文達公為管學大臣，聘為編譯局總辦。吳汝綸時任京師大學堂總教習，時相過從。復譯孟德斯鳩《法意》，所譯《群學肄言》完稿，商諸林紓，林方以譯說部書馳譽海國，因相往復討論者也，又譯英人甄克思之《社會通詮》，其書原名《政治史略》，繼又應熊元堮請，撰《英文漢詁》，為英文文法之專修。既辭編譯局事，歸滬，張燕謀以開平局訟案，約赴倫敦，並於倫敦晤孫先生，所說主以教育漸進於革新，未能盡合孫先生之旨，則曰：「河清難俟，若為思想家，余為實行家也。」歸國又在上海講政治學，而刊布其講章。時清廷有志新政，時遣學生遊學外國，歸應廷試。嘗佐唐紹儀為同考官，得陳錦濤、顏惠慶等三十一人，賜進士舉人出身。既又應學部尚書榮慶聘，為審定名辭館總纂，先後三年。宣統間，派充憲政編查館諮議官。載洵以宗室為海軍大臣赴歐考察，欲與幾道偕行，則以病辭，詔賜文科進士出身。籌備立憲，設資政院，乃與吳士鑑、勞乃宣、陳寶琛、江瀚等，同以碩學通儒，徵為資政院議員。海軍部成立，特授海軍協都統，晉一等參謀官。

入籌安會、為世詬病

辛亥革命，袁世凱為總統，徵辟不就，任為北京大學校長，又任海軍部編譯處總纂。歲暮以事齮齕，辭北大校長職。民國三年，任約法會議議員、參政院參政。歐戰事起，復著〈歐戰緣起〉，上之世凱。君憲論起，楊度約入籌安會，既而悔之，又患禍作，虛與委蛇。自謂款聲為累，無勇怯懦，殊愧古賢。梁啟超時持異議，作〈異哉所謂國體問題者！〉布之報章，聲勢甚盛。世凱令內史夏壽康挾巨金求幾道為文以折之，嚴笑謝不能，乃改命孫毓筠為之。時籌安發起者楊度、劉師培、李燮和、胡瑛、孫毓筠與幾道凡六人，所謂籌安六君子，為世所詬病者也。世凱既下令撤銷帝制，各省多請退位。幾道亦勸其謝事歸隱，而尤在此後長治久安之計，以為政治角逐為一事，國家命脈，當圖所以維衛之者。世凱既死，令辨禍首，幾道宵行赴天津，勘讀莊老，出入名理，既而南歸侯官，以疾終里第。

幾道畢生，沉潛學術，好談政言兵，而實不諳政術。一時震其殊名，輒欲羅致，亦終無所用。平生天賦智慧，大言炎炎，不拘禮數。亦好作詩，未成家數，頗多俊語。鄭孝胥、林紓諸名輩，每相酬唱，多作雅謔。洪憲之後，世人詬之者眾。鄭答詩至有「十年不著京華字，慚愧新詩到海藏」語。所譯歐洲名著，開一時之風會，為後進之楷模。溝通中西學術，實有足多者！所撰李文忠輓聯：「使生平盡用其謀，其成功或不止此；設晚節無以自見，則士論又當何如？」一時推為名句，實亦有以自況也。

記詞人朱祖謀二三事

朱祖謀，字古微，晚歲改名孝臧，浙江歸安人。幼年隨宦豫中，其父以廉勤著稱。平反王樹汶案，卓有聲譽。祖謀文字樸茂，中傳臚即官京曹，與臨桂王鵬運遊。鵬運為晚清名御史，風骨梗峻，以敢言稱於時，嘗奏白時政，觸上怒，幾遭嚴譴，乃請假開缺，以填詞校詞刻詞自課，世所奉為廣右大師半塘老人者是也。

校詞刻詞、工作艱鉅

庚子之亂，清廷召見六部九卿翰詹廷議，以定大計，祖謀拜謂：「圍攻教堂，將召大變，臣期期以為不可。」音朗言簡，直達陛次。東朝固右拳匪，循聲問誰某置詞？唯唯無對者，而朱軀幹短小，蔽於前列，遂得倖免於難，為三忠之續。果不旬月，大難以作，京師灰燼，則與鵬運等賦《庚子秋詞》以自遣。祖謀詞名振鑠，自謂實四十以後，始隨鵬運為之。王之填詞，標重拙大之恉，力戒輕纖之弊；圭臬吾鄉二張先生，以上承兩宋。舉凡明末國初，俳體蕪詞，一加刪芟。祖謀奉教彌謹，師法夢窗，益致力於四聲，以返前失。王之校詞取法前人校勘之學，不失毫黍，闕疑訂聲，程為五例，而揭櫫其治校之法於《夢窗四稿》；《四稿》凡三校，至詳盡，朱實有以助成之。王於刻詞，鳩工治事，親為迻校，加朱著墨，不容少訛，偶不遂意，劈板覆刻，隨有所得即隨有所改，《夢窗四稿》，三校而三刻之。後朱之《彊邨叢書》，亦多類於此。鵬運合所刻為《半唐所刻詞》，朱則繼之為《彊邨所刻詞》。仁和吳昌綬，雅有詞癖，所聚至夥。又自大典本、四庫本搜獲宋元人詞數百種，鈔校本若干種，將謀剞劂，而先刊影宋本為《雙照樓詞》，其未完者，吾鄉陶氏，續楔為《涉園所刻詞》。所有大典四庫諸本，未及觀成，則舉以付之祖謀，祖謀乃一一爬梳剔抉，以鋟之木，其精鈔異校單傳孤槧者，亦同歸類列。先後數十年，至老不廢。所刻凡三四百家，為自有詞刻以來之大觀。逮燉煌環寶，散落人間，《雲謠》一集，流佚海外，猶命余物色以歸。其時吾鄉董大理康考察法政，適滯歐陸，表兄楊恩湛供職倫敦使館，因設法為錄副本，時在民國十二年。《彊邨叢書》全集，斷手已久，其目錄特空一行，謂將俟補得《雲謠集》時重訂目次，只須剜刻，可省改板，卒如其言。逮《雲謠》鐫成，全書已遍傳海內，輒與補寄，不別索資。劉半農旋更得巴黎藏本，足資證訂，亦為流傳。羅振玉亦得一本，排印於燉煌拾零，自加宏獎，發幽闡微，中國始復重其書，推為聲苑之椎輪大輅，實祖謀有以啟之。

蓄髮留辮、甘作遺老

祖謀旋簡廣東學政，汪先生兆銘以廣州府試案首入學，祖謀讀其文，異之，評語有「議論根據今古，能自力於文章」云云。每試，輒擢第一，汪先生亦景仰祖謀學行。鼎革以後，祖謀隱遯，為勝朝之遺老，汪先生則為新邦之元勳。懷人天末，同情異趣。民國七年，汪氏滯居海上時，文酒餘暑，嘗詢余不知古微先生尚願相見否？余以轉達。朱唯唯謂亦頗相念。余持覆汪，一日，遂欣然命駕共往，直趨東有恆路德裕里，深巷寂寥，車不能達，緩步扣門。祖謀握手道故，存問至殷，且出新刊叢書為贈。汪先生更問及清況，意殊拳摯，移晷始去。汪此後於役南北，於朱病中尚有遺饋，師弟雅故，可為末世中之珍聞。余嘗稟之先公，先公掀髯曰：「壬子春間，嘗偕黃克強謁其業師梁星海於愛文義路寓中，湫促至無容身之地，歷述兩湖書院肄業情事，如在目前，經時始去，於以見兩君之篤學風誼，為不可及。方今多鄙新人，非聖無法，觀此細行，知其無徵，爾輩當知所從違矣！」

祖謀自粵歸來，卜宅吳閶，置廡海上，雖拜禮部侍郎之命，亦不赴官，辛亥以還，自甘薇蕨，為勝國之遺臣。其時言革新者，先去辮髮，好事者，或持利剪於人叢中，乘隙為人剪髮，守舊者不背清制，以蓄髮為忠愛，然亦不能無所忌憚，往往盤髻納之帽中，或作黃冠裝，祖謀獨置不顧，大辮垂垂，往來蘇滬道中，未嘗有所中懾。一日徐園蘭花會，遺老畢集，蓄髮者十餘人，咸推祖謀為魁首，亦用以自豪云。

為人點主、一字千金

祖謀閒居校詞，投老勿輟，暇則鬻書，書法簡樸，臨高湛碑，鋒礫多參以魯公筆意、士流巨賈，重其高節，多輸金以致寸楮。常日校詞函札，蠅頭細字，一筆不苟，字體結構微微斜欹，或笑之謂似胥吏造冊所書，聞之亦輒自嗢噱。海上鉅室有喪事，多請點主。點主本非古制，積習久勿能改（有謂古人多為子孫書主，既則請名宦書之。明魏忠賢不能書，而媚者必欲求為之，因預書就，僅使一點，流俗相沿，遂有顯宦點主之習，而以官禮部者為尤重），喪家具禮甚豐，所取亦不傷廉，月必數為之，足資存活。既而江浙各地，有聞風恭迓點主者，往往過訪不值，閽人告客外出點主矣。同時之李瑞清、鄭孝胥，鬻書歲入數千金，祖謀笑謂：「公等為人作丈帛書，更數千百番紙，方得此數。吾朱墨兩點，動致千金，且勝古人之一字千金矣。」

祖謀好竹戲，集友好以消永日，所勝負者固絕微。先公嘗以內經久坐傷骨、久視傷神之語規之，則曰：「不坐傷心。」先公為之太息神往。況周頤為賦〈竹馬子〉一詞，自謂古來迄無賦博簺者，存之集中。袁世凱柄國政，帝制自為，比於篡竊，況銜詆甚力，嘗謂：「吾當化虎，撲殺此獠。」其姬人旁侍，不獲索解曰：「若化虎，吾且奈何？」周頤莞爾，亦為賦詞，刊之《餐櫻集》。東海徐世昌與祖謀為同年，以太保任民國大總統，舊時冠蓋，多所倚畀，屢約北上服官，一不之顧。雖私誼無妨於縞紵，而出處初不輕就，論者多以為賢。

與況周頤、戲作新詞

祖謀嘯傲海隅，閒招儔侶。同年應舉者為一元會，月必兩集，人輸一元，命酒賞花，比於洛陽耆英之雅集。又愛劇曲，傾倒梅蘭芳，余排日聽歌，少年意盛，多邀往顧誤。一日演《彩樓配》，祖謀與況周頤同坐。周頤漫吟俳體曰：「恨不將身變叫花。」朱縱曰：「天蟾咫尺隔天涯。」周頤再續「可憐你我不如他。」遂成〈浣溪沙〉半闋。二老詞名布海內，風節動市朝，乃亦有滑稽遣興之詞，聞者咸為絕倒。香南雅集，三舉於惜陰堂，周頤賦詞數十首，每督和之。則曰：「江郎彩筆盡矣，吾試為〈十六字令〉，若賦戚氏可乎？」周頤立成戚氏，遂賦〈十六字令〉三首，以梅蘭芳三字分詠為鳳頭格。粵伶李雪芳來滬爨奏，粵人為張宴甘氏非園，亦有觴詠，復與周頤相酬和。祖謀治詞，所推重者鄭文焯、況周頤。文焯客死江南，惟周頤晨夕相見，見即談詞。選訂《宋詞三百首》，屬稿甫就，即持往探討，余適在坐，自曛及夜，啜粥一盂，清吟神會，或有刪補，相與論定，寒窗夜月，清致可掬，蓋所永不能忘者。

時海內拈聲訂譜者，無不奉之為大師，郵筒寄詞呈教者，積案盈室，無不一一披覽，賞其佳者，獎掖備至。後輩中尤重海南陳洵，嘗作論詞〈望江南〉十八首，有曰：「新拜海南為上將，敢要臨桂角中原。」即指陳況也。顧自謂得失寸心，不長解授，有向其請益者，輒介之周頤。余從周頤受詞學，亦朱所引挹也。萬載龍沐勛從為子弟，貽以名硯，因以受硯名齋。沐勛能蹤其盛，且續刻《彊邨遺書》，可為傳人。朱病革之際賦「忠孝何曾盡一分」〈鷓鴣天〉一首為絕筆，翌日遂謝賓客。祖謀軀短聲宏，丰裁整肅，而礪行砥德，風趣自足，讀其詞者，每厠之於宋賢之林，而其睠懷故國，亦實與草窗碧山，同其身世之感也。

記嫉惡如仇的莊蘊寬軼事

莊蘊寬氏，江蘇陽湖人。莊氏世為江南大族，經學文史，代有述作，自明以來，俗稱常州四大姓莊、劉、呂、趙者也，蘊寬讀書歧嶷，天資聰悟，輒得聖解，不以規矩自繩，每發論議，驚其長老。又好抗辯，嫉惡如仇，其父字之曰思緘，所以示金人之戒。又以昆列居三，鄉里咸尊之為緘三先生。

蘊寬少居鄉里，屏絕塵俗，所與遊者，均一時名輩，賦詩飲嘯，頗得聲譽。其時洪楊之後，大亂初定，有自窟中逃歸者，亟思結納莊氏以自重，蘊寬知其嘗應南京天王殿試，以館閣詩有「努力殺㺜獠」一語獲雋（維時加犬旁於人名之左以示懲創），特薄其人，每來造訪，無不辭謝。忽一日，其人又至，適蘊寬自往應門，門開及見，則面語之曰：「余不在宅，恕不延迓。」言既遂立闔其戶，其睚眦有如此者。而其人終善事之，每相見於肆廛，執禮至恭，終亦與之偶道寒暄。莊事後謂人曰：「柔能克剛，於此可以見之，吾固不能勝也。」

既而服官廣東，亦好與人忤，尤愛斥辱敗類。官署衙期，例有茗點，貧士趨衙，在往一飽為樂，其不堪者，藏饅首於襟袖間，歸饗妻孥，不意為蘊寬所見，即趨與共語，以手密引其雙肘，餡食盡墜，衣履脂漬，舉座鬨引為笑。

莊後轉廣西練新兵，籌設督練公所，廣收學子，授以兵事又親赴日本聘士官畢業生歸主其事，若趙正平、鈕永建、王孝縝諸君均預其選。諸生陰策革命，蓋深知之。蘊寬由日歸國時，曾語友人曰：「吾又收羅革命人才幾許矣！」桂軍迄今負盛名，篳路藍縷，實有以啟之。宿將譚浩明及白崇禧諸輩，無不敬事，以為漢文翁以文學化蜀，蘊寬乃以武功肇建粵西也。

蘊寬繼鄭孝胥任邊防督辦於龍州，鄭以文人佩印綬，開邊比於希文之窮塞主，氣宇皓偉，經緯萬端，而所為或不盡至，則曰海藏樓大名士，宜有以諒之，即邊氓以物力供養文流，不其佳事耶！鎮南關革命之役，黃先烈克強出入關隘，雖喬飾亦不能逃邏巡耳目，蘊寬與法國教堂司鐸謀而陰縱之，故得免於難。

莊自龍州卸任歸來後，新政迭興、令譽蔚起，　時名公大夫，多樂與之遊。端方尤以推行新政，引擢人才為眾望所歸，因益加親炙。而蘊寬率直，一如平時。某日端方約客燕集，談及政事，端偶謂客曰：「漢人亦不易同心協力。否則，旗人詎有立足之地耶！」語聲未已，疾聲發於座隅曰：「公試覘之，同心協力，為期不遠，終有一日。」群客爭目之，則蘊寬也。端亦始終容之。其傾倒革命，見重流輩，一至於此。

自後，蘊寬留居上海。宣統三年，任商船學校校長。其時校基初創，即在上海徐家匯南洋公學隔隣之絲廠舊址。筆者方從學南洋，時時望見其往返校舍，督課監操。逮秋間武昌起義，即奮袂將事，移居趙氏之「惜陰堂」。晨出晡歸，已去髮辮，嘗與孫先生、黃克強、張謇、湯壽潛、宋教仁、陳其美、鈕永建、顧忠琛、洪承點等共定大計，尤重蘇政，蘇人奉之為山斗。

蘊寬知兵，兼以膽識過人，不畏強禦，故疑難叢脞，一一集之其身，亦能等閒了之。江南底定，遂出任江蘇都督，非其願也。甫至南京，即以兵法為部勒，凡有強悍不稱職者，一一加以嚴法。臨時大總統府有庶務員某，勒索苛細，以至日用品物，無不詭稱總統府需用。事以上聞，即派警察就通衢縛來嚴鞫，知者或來求免，咸不之顧，翌日即正之典刑。肆人稱快，僉壬失色，相驚告語，總統府職員，尚伏重法，吾曹其知所免夫！於是廛肆安易，人心為定，孫總統亦繩其能。既而移節蘇州，亂兵肆掠，立以省軍械至，一詢而服，即駢戮之，蘇城亦以奠安，其治亂國蓋好用重典者。

民國元年，南北政府合併，總統袁世凱重其材，以為都肅政史，不避權要，彈劾嚴峻，王治馨以貪瀆伏法，為世盛傳。逮世凱有帝制之議，楊度等組籌安會，議及政體，即起糾彈，時人以「莊都頭」目之。或謂帝制在所必成，識時斯為俊傑，萬一意外，甯非自取。蘊寬語其友好曰：「吾每日駕車趨公，如有狙擊者，可由車後開槍，距吾顱近，易於中的，且不致傷及御人無辜也。」語為世凱所聞，以其戇直，竟陰為曲庇。

俟改制設審計院，蘊寬被調為院長。審計固閒曹，亦顧而樂之，日以書畫金石自娛。而軍人之至京者，多以其為前輩，敬禮攸加；即民黨人中，知其雖非黨籍，實托庇蔭，亦樂與之周旋。每國家多故、京師擾攘之際，輒與江朝宗、熊希齡等，為中朝大老，為編戶生佛，安靖民生。審計院主綜核全國度支，而各省軍政，或屬專閫，初不重視。亦有亟待核銷資以酌盈者，或有干托，咸加峻拒。既而庫藏日拙，京曹餉糈，多不能繼，強有力者，或尚得籌款自給；閒曹冷署，往往累月不名一文。所幸僚屬咸體院長清況，不加苛索。間有所得，發給俸食，亦自廝養辦事員而科長，按成遞配，往往本人一無所獲，因是闔署咸欽其盛德。雖無升斗之儲，亦永永追隨勿去。莊氏之族兄椿年任副院長，多謂為難能，亦終與共甘苦。京師人士，益加絕重。段祺瑞、楊宇霆等一時重望，咸樂聞緒論，敬受其詞，因亦得以所見聞者，陰相地方，比諸諍友之列。

江蘇為南北綰轂之區，東南饒富之地，闤闠爭鬨，屢苦兵役，蘊寬直言放論，抨彈無忌，漸以偏瘓病足，不良於行，展轉衽席，以文史報章自娛。初不忘情於國計，卒為魯督張宗昌所忌，使王琦往逮之，欲置於法。王以緹騎親赴蘊寬居處，正爭持間，其子密赴鄰院，電話關外，告之楊宇霆。楊立電張宗昌緩頰，凡五小時，張急止王，不得鹵莽，其事始寢。苟少遲誤，論者以為莊氏或將與林白水、邵飄萍同命矣。林、邵二氏以文字賈禍致死，均王主之也。俟養攝經歲，其病少已。既而國民革命，北伐抵燕京，政局丕變，因去官職。旋各省設修志局，鈕永建為江蘇省主席，延之南來，使主局務。開館焦山，設局松風閣，遂貨舊居南返，時時往來於京、焦、常、滬間，少獲清暇，養痾怡老，終於里舍。遺命葬常州公墓，不封不樹。舉殯之日，郡人無不流涕。謂天乃不憖一老也。

蘊寬軀體短悍，雙目炯炯，口大髯疏，直戇敏幹，廉正公忠。自幼受學，即好為疑古之論，口如懸河。講解文史，每立新義，非聖謗賢，咸不之恤。常日渺視政術，痛排榮利，否臧人事，不少假借，而又玩世嫉俗，一言之發，聞者絕倒。山水清娛，偶事遊覽，亦無多戀。自雁蕩歸來，或詢龍湫之勝，則曰：「差似壯夫立而小遺耳！」又鄉人盛宣懷，身後有舉發控告者，政府因查封其田宅，並及蘇州留園，留園為宣懷父丹昜所營搆，非宣懷產，則曰：「往者罪及妻孥，茲乃罪及高曾耶？」

一日客杭州，往訪舊友，其人浮沉末僚，潦倒已甚，念舊泫然，將予佽助，且約之放舶湖上。逮及孤山，其人忽忽謂有事先去，詎登岸後，行不數武，即倉皇呼舟子曰：「吾遺錢幣於舟中，煩一檢之。」同舟立為移坐搜索，因詢遺落何數？其人謂約六十番，蘊寬即探囊如數予之。且曰：「所失正復在此，幸而得之。」其人謝嚴，攜之起行，舟復前掉。蘊寬語友好曰：「其人奇困，吾且厚資之，不意覬吾袍之誼，即動念秧之謀。品劣至此，只有因而給之，吾所省多矣！」，其突梯便給，往往類此。

蘊寬間好行博，輒至大負。使氣擲注，每至傾囊。病中親友俱集，手戰不能舉葉子，則以小廝立代其役，顧而樂之。暇好治書法，莊氏世工魏碑，能繩家法，進為狂草，日日與人揮灑無倦容。或學作花卉，初不甚工，然自有天趣；進作八分，所藏宋搨夏承碑，出臨川李氏，海內孤本，日事把玩。亦偶作詩，興到為之，或作題詠，生澀中別饒風趣，不索人和，亦不多以示人。居官無俚，日赴琉璃廠骨董肆中，擇其精勝價廉者，攜歸摩挲，用消永晝。書畫鑑賞，頗獲神悟。以貧宦無蓄積，迄少珍品。晚歲忽有所悟，遂信佛法。初以大智慧遍覽各部，咸得津逮，機鋒所肆，直指五鐙，相宗科弟，如數指掌。又得吾鄉天甯寺冶開老和尚之開度，益臻勝悟，歸諸淨土，日事功課。金山老僧，慧眼所矚，洞達歷劫，嘗謂前生一世為虎，一世為明建文帝。蓋生有自來者，不昧性靈。超凡入聖，庶幾不遠。綜其生平，穎慧獨絕，惡惡特甚，好以重典治亂世繩非法，而不違於仁者之用心。好謗士流而仍不失雅人之深致，好不恭玩世而通理學之真傳。好勇鬪狠，譏彈抨劾，而不失其為庸言儒行。好非聖無法，而實通儒釋之精諦。例諸佛氏，殆阿羅漢之流，進於聲聞緣覺者，亦近世一行之流已。

「中國大儒」沈曾植其人其事

沈曾植，字子培，號乞庵，晚號寐叟，浙江嘉興人。八歲喪父，受課於其母韓太夫人。幼好問學，特精經義。十三四歲，即已涉歷詞章音韻之門徑，而家境特艱，窘迫之際，嘗斥其舊藏初拓靈飛經以易米，獲銀三十餘兩，至老猶輒述其事。又其母病革，醫者謂當進以人參，因貧不可得，乃終身不服參苓，以志哀思。既而進治史學，讀書終日無倦容。某次夜坐感寒，竟獲腰痺之症，終身未癒。

與李慈銘並稱沈李

曾植二十餘歲時，在粵謁陳蘭甫先生，即荷欽重。光緒六年，中式為進士，始就官京曹。一時名俊多與往還，其尤習者：朱一新、袁昶、李文田、黃體芳、盛昱、文廷式、王鵬運、李慈銘諸人。時人以慈銘亦浙人，乃並稱為沈李。時曾植已著手西北輿地之學，又深究古今律書。由大明律宋刑統唐律，以上治漢魏律令，撰有《漢律輯存》、《補晉書刑法志》等。而經世大典西北地圖書後，尤為世所稱頌。在京師時，與康有為友善。康好議政治、發大言，曾植雖陰和其議，亦每沮格之，懼不容於世而未克底於成也。旋轉官總理衙門俄國股，用其所學，探討益精。日本那珂通博士嘗特來請益，曾植授以中原音切蒙古文之音，嗣後又旁及四裔地理之學，先後箋註《蠻書》、《黑韃志》、《元朝秘史》、《長春真人遊記》、《蒙古源流》諸書。其時洪鈞亦以西北之學見長，且搜獲歐洲人治《元史》著作，來相證訂。一行一字，必舉旁證。冷官暇日，又進治佛老二氏之書。光緒十九年，俄羅斯使臣喀希尼，以俄人拉特祿夫之《蒙古圖志》，中有唐闕特勤碑、突厥苾伽可汗碑等影本，因送總理衙門，請為考釋。曾植為作三跋覆之，俄人譯以行世。西人書中涉及蒙古事者，多引其說，所謂總理衙門書也。

設保國會與強學會

甲午年七月，給事中余晉珊等劾康有為惑世誣民，非聖無法，其弟子梁啟超與盛黃等營救無效。時中朝藩屬朝鮮內亂，朝廷遣兵往援，與日本遇，開釁敗績。朝野洶懼，有為與曾植等謀保國疆本之策，計設保國會，次年復設強學會，一時名流，如陳熾、丁立鈞、王鵬運、文廷式、張孝謙、楊銳、張權等均與焉。戊戌四月，曾植居喪南歸。有為時治公羊學，老師宿儒，從而詬之，又諱言公羊。曾植以為此則因噎而廢食。時曹元弼治《孝經》，欲以挽頹風。曾植以為《孝經》開章言「以順天下」，禮易多言順，當闡此義，以詔後進。孔子言吾志在《春秋》，行在《孝經》，通於此者，乃可與識公穀之微言耳。曾植旋就張之洞聘，主兩湖書院史席，寓武昌，與鄭孝胥、陳衍昕夕過從，見輒談詩，夙喜張文昌、李商隱、黃庭堅諸家，陳衍以為愛艱深而薄平易，因進以《宛陵集》。

暢論新政如數家珍

庚子變後，李鴻章奉命為議和大臣，招之不往。其致友人書有云：「今日議和棘手，百倍於庚申，若敵未入都以前，早自改圖，何至顛危若此，許袁奇酷，中外冤哀。懲亂臣而不哀死事，則朝廷之彰癉不明；斥莠言而不表忠謀，則國論之指歸不定。竊意昭雪譯署五臣，亦所以表朝廷悔禍之忱，開議前所急宜下詔者。若事事待敵指揮，虧傷國體，仍不足以感動人心、非計之得矣！」鴻章聞之，喟然曰：「倘七月不出京者，恐亦不免於難乎！」既而遊金陵，就劉坤一；遊武昌，就張之洞。每為屬稿，暢論新政，證引中外大事，如數家珍，而尤致意於革新變法。其後任上海南洋公學監督，添設政治科，即今交通大學之筆路藍縷也。已而官外交部，外簡廣信府，署督糧道。時清廷尚欲以新政粉飾承平，欺罔多士，派載澤、端方等五大臣出洋，考察憲政。端方以曾植博通古今，素治憲政，因辟為隨員，後因故不果行。

國事日非掛冠而去

江西教案起時。法美兩國，以兵艦入鄱陽湖，主事者欲任捕數人，殺之以謝外人，曾植力持抗議，不稍撓屈，保全實多。繼赴日本考察學務，彼邦朝貴士子，多來請益，虛往實歸，皆饜其意以去。旋改安徽提學使，會值徐錫麟刺殺恩銘之役，亦陰為保全，以免株累。其時皖署雅潔，則闢所居曰雙花王閣、曰天往閣、曰曼陀羅室、曰持明窔、曰遜齋，儒生結習，點綴衙齋，而未能忘情，有如此者。其後搆熊成基新軍之變，布置從容，因以靖難。初不自暴其功績。當時倡導實業，又設造紙廠，製紙精美，並雜印精品舊書，以為存念之資。趙氏所藏覆刻本陸刊《白石詞》，附以《事林廣記》樂令一卷者，即是時所刻，手跋謂以試新廠製紙者。其書亦值兼金矣。

曾植亦偶事填詞，雖不極工，彌具騫矯之致。其刊《白石詞》，亦飲香之餘事也。宣統間朝命為禮學館顧問，此後以國事日非，輒滋蹙額，嘗僧服造像以貽知好，題小詩：「了此宰官身，即是菩薩道。無佛無眾生，靈源同一照。」以寄意，蓋有托而逃於禪誦者。宣統間，振貝子為慶王長子，道出皖境，聲勢炫赫，當道命藩庫以巨款為供應，不允，因與時忤，浩然有歸志，七月遂掛冠去上海，又回嘉興。暇則與楊仁山居士為研究佛學之會。

日人俄人均為弟子

辛亥革命事起，曾植因痛清政不綱，而有志於立憲者，亦頗欲斡旋朝事，冀以立憲解革命。九十月間，各省聯合會開會於上海，眾請預其事，旋察立憲之不足以挽回顛覆，遂不更出，以遺臣故老樓居者多年，不輕出戶庭，而題所居曰「海日樓」，暇則與僑滬諸老設吟社曰「超社」，擊缽是娛，以比於宋之月泉。而是時從學者日多，日本人西本省三從為弟子，且著《中國大儒沈子培》一書，以張其學；俄哲學名儒卡伊薩林伯爵亦來請謁，屢承教益，謂如意大利列鄂那德達蒲恩之評古代西歐文明，所謂意識完全者，誠中國文化之典型云。袁世凱繼任總統，每欲羅致，聘問不絕。輒婉卻之。樊增祥初居滬上，既受世凱命北行，曾笑吟「從此蕭郎是路人」之語，以示決絕。海寧王國維，研精古簡，尤長音韻之學，特來受業，其學大進。已而浙江人士，合請重修本省通志，設局分科，經始其事。洪憲議起，憤慨特甚，康有為等時時在滬，與諸遺臣商復辟事，未得要領。某日志錡自北來趙氏「惜陰堂」，談及清室事。語趙氏曰：「清室尚未計及復辟。海上諸老，酒邊詩畔，甚或徵歌選色之餘，雄談大計，沖人深宮蟄居，偶有所聞，兢兢戰戰，以為禍至無日，不其可以已乎！」志錡為瑾太妃弟，肺腑之親，故言之不期痛且切也。迨張勳提師北上，倡議復辟，果如所言，七日而事敗。曾植以故主惓懷之篤、有為交誼之深，不得不勉為一行，冒暑北征，亦無所成，即其言亦未能見重於諸流輩也。旋即引去。

求書者眾戶限為穿

曾植七十稱觴，伉儷均健朗，海內外名流，多以詩文張之。比於恩福堂之朝天比翼。曾植書法，初師安吳，壯歲參以張廉卿，晚年由帖入碑融南北書流為一冶，漆書竹簡，石經石室，無不涉其藩離、入其堂奧。有清一代，固無其傳，即明人亦罕有及之者，因是求書者戶限為穿。曾植疏髯多姿，晚歲以足疾，微患偃蹇，而談笑治學，移晷不輟，讀書無間新舊，暇則捉筆為文章。亦偶塗抹山水為小幅以遣意。起居之室，四壁堆書，孑然置身，誠可謂為書城坐擁者。平時吸水菸，終日不息。某日余往請益，見臨散盤，即求作扇頁，次日遂以見貽。自謂以草筆書鐘鼎，謂為草隸。其書天趣揚溢，不可方物，至今什襲藏之。又梅蘭芳演出海上，請往顧誤，沈氏欣然命駕，蓋數十年不入歌場者。歸應香南雅集，作小詞，手書卷子，載在曼陀羅寱詞集中。一時以耆儒碩學，綺緒新詞，為不易得云。

由儒而商徐潤創業起家記詳

徐潤，字雨之，廣東中山縣人。幼業儒，有壯志，改習商賈。年十五，即隨叔父赴上海，入寶順學習。每月所入僅十元，前後數年，漸次升職。其時有以桅船至日本長崎經營商販者，徐輒加股若干，屢有所獲。洪楊之役甫定，即自設寶源絲茶土號、順興川漢貨號，以外銷桐油白蠟茶葉苧蔴等，在今日言之，當為國際貿易之先河。迨積資漸富，即有志於公益，與葉潘兩君購地舉辦廣肇公所，十畝價銀三萬一千兩，即上海銀行所在地也。一時闤闠，震其能名！

振發國罐、自辦保險

洪楊戰役之後，國家競言改革，李鴻章、張之洞均以疆臣創辦新政。鴻章嘗主辦海軍，知商船之重要，當與海軍相輔翼，而其時海舶均洋人所經營，李戚焉憂之，乃議設招商局，委徐潤主其事，集股一百萬兩。並辦仁和水險公司、濟和水火險公司，以自保船舶產業之險，亦為中國自營保險之嚆矢。外商初見中國之奮發自為，乃諸多杯葛，以阻推行。徐於保險自營後，則又減價以招徠，其左右貿易、振發國權者如此。旋又購入美商旗昌公司之輪船十六艘、各地貨棧地產，僅二百二十二萬兩。清廷知其能，屢屢嘉獎，晉至二品銜。又以鉅款助賑之故，復以道員儘先補用，繼又令辦貴池煤礦，並自設同文書局。舟行需煤最殷，鴻章為治本之計，乃試開煤礦。貴池之局，迄未得成，而機倪已動。

徐又嘗致力文事，以西法石印留真，流傳古籍，一無訛誤。獲利既厚，教學尤便。因集股購機械以為之，命名曰同文書局，先後凡印行廿四史、圖書集成、全唐詩等下至士子應試干祿之所需，凡數萬種，大抵為汗牛充架之鉅帙，未廣流傳者。迨奉廷旨，辦圖書集成，其名益噪，該書至今傳為珍本。又以維時滬市，百業闐興，遠謀洞瞻，地產值必日昂，因即經營地產，糾設公司，並以其所已購者三千畝推之公有，乃以眾意不堅，功敗垂成，論者惜之。

躬行實踐、克服困難

鴻章時於北洋礦務，益加致意，約徐北行，並赴熱河孤子山，考察承平銀鑛。凡所親歷，督飭策劃，無微不至；後又接辦香山縣天華銀鑛，復回開平會辦礦務，自營錦州大凌河墾務，並設天一公司，又奉委辦建平金鑛。方其接辦開平礦務時，親與外籍工程師赴煙筒山，勘察礦穴，蓋自開辦以來，未有以會辦之尊，躬行實踐，一探崖壑者也。然朝廷守舊，猾吏乘奸，國人不習新政，阻撓至力，前者未見厚利，尚待更張，因之繭手棘足，特形勞瘁。而徐氏一一位置，持籌晨夕，以抵於成，此則不得不謂天生奇才，以為國用，而鴻章特達之知，有以玉成之也。鴻章既逝，袁世凱接任北洋，仍寄重任。徐時已南歸上海，自有創建，繅絲外運，設景綸廠於虹口，獨擅其利。旋奉委仍辦上海招商局事，徐以存船止二十六艘，且俱陳舊，亟待添購，因上理財用人諸策。商部又以上海新設商會，必得廉正幹練者主之，因委徐為協理。盛宣懷其時正經營漢冶萍廠鑛，約赴萍鄉，出其緒餘，為之規制，施設爛然。光緒三十一年。世凱擬辦北洋公債，又委潤開辦。潤性慈悌，每斥資為救死扶傷之需，上海仁濟醫院，屢獲資助；又創紅十字會，獲一等雙龍勳章。晚歲營矮廬於靜安寺路，以娛暇日。而事功日繁，所謀不遂，頗多損折，則率出餘款以了之，不少苟且，世益重其為人。凡所營構，盡斥不留，廳間自榜「忍」字，以矜平意氣，而豪情猶昔。徐氏治饌特精，生平遍歷南北，所親炙者，以諭庖丁。海上盛傳粵菜館之蒙古包，即為徐赴熱河、內蒙所見，歸而仿行者。上海著名之杏花樓，即為其廚子所設，因傳其餐法者也。

瑣聞日記、價值珍貴

徐氏勤於記載，每日必撰日記，所紀於朝章國故，以至手自創獲經營之陳述，纖悉勿遺，讀之可以存入，更足以覘當時時務經世之全豹。以平生居滬日久，特詳滬事，掇述瑣聞，由今視之，誠同里乘，至足珍貴，世人獲此記載，以為瓌寶。茲節錄徐氏雜記如下，以公諸同文。於重尋故緒之餘，益多喟嘆！

以下為徐潤上海雜記原文：

上海開埠年月

道光二十二年七月（西曆一八四二年八月九日），實則開埠在二十三年九月二十六日（西曆一八四三年十一月十七日）。英國首設領事官，劃租界四址：北李家莊（今北京路）。東黃浦灘。南洋徑浜（今愛多亞路）。西福建路長浜（今福建路）。其批准者為上海道龔慕九。其時各西人尚住城內或南市，至道光二十八年，林道臺與英領事重訂租界，始此於至蘇州河為止。英遂購地橋塊為領事館。

道光二十八年，美教會在虹口，即以該處劃為美租界。其與英租界交通，多憑舟渡。同治初年。始造木橋相通，即今跨蘇州河之四川路橋。初造橋者為英人私產，過橋均須納費。後於同治十一年工部局出價四萬兩，購歸公有，始免過橋納費之例。同治十二年，創建外白渡橋。造價一萬九千兩。

宣統元年，英美租界計地三萬三千五百〇三畝，合九方英哩。

會審公堂

同治八年，會審公堂遷至大馬路（今南京路新新公司所在）。

監獄

同治九年，始設監獄於蘇州河濱，可容人犯八十七名。光緒二十九年始在華德路設獄。

工務局

道光二十三年，租界尚無工部局，惟設公會管理碼頭街道。迨咸豐四年六月二十九日，工部局始成立，舉英商三人為局中董事。法租界則於同治元年始設公董局（即今第一第八兩區公署之，前身）。

巡捕

咸豐三年，因洪羊之亂，始有難民到滬。因設巡捕隊，僅有八人。咸豐五年，加至三十人；同治十三年，加至一百十二人；宣統元年，一千七百人；咸豐十一年，洪楊又至滬，因設西商馬隊。同治四年，始設救火會。

菜場屠宰場

公共菜場初設於光緒十六年，次年設宰牛場，十九年設虹口宰牲場，二十年造牲棚，二十一年工部局以屠戶索價過昂，因自運牲口入口。二十三年設菜場於南京路（今新雅酒樓所在），與西人市場同立一處。嗣後各處公設菜場，二十四年設議事廳於南京路，與菜場相毗連。

濟良所

光緒二十七年創立於新閘路，以濟妓婢之自新者。三十四年，遷愛文義路，以其時蓄婢之制未廢，故會審公廨，常有發堂寄養之婢。

輪船碼頭

同治元年，上海輪船公司由旗昌洋行代辦，有十八艘。光緒二年，率售之招商局。

同治四年，虹口公司成立碼頭，為藍煙囪輪船。後擴充為公和祥，又歸怡和。五年，始設太古輪船公司。

光緒十七年，英商皇后公司船初至上海。二十七年，德商亨寶輪船初至上海。

銀行

上海首創為麗如銀行，成立於道光二十九年。其餘之見於第一冊行名簿者，凡十行。阿加剌、利中、利商、匯泉、麥加利、匯隆、有利、法蘭西、匯豐、麗如等十行。

德華銀行設立於光緒十四年。

正金銀行設立於光緒十八年。

中國自辦之通商銀行設立於光緒二十三年。

紗廠

初成立者為中國棉花布製造公司。創於二十年前，殊無成績。光緒二十年再設瑞記公司，由瑞記洋行代理，擴充至四萬錠。

老公茂紗廠設立於光緒廿一年，凡三萬錠，怡和紡織設立於光緒廿一年，凡五萬錠。

公司

光緒十一年創立三井洋行。
光緒十二年創立德國公司。
光緒十三年創立上海業廣房地產公司。

稅務

咸豐四年六月，西商以亂後無官，不允納稅。經吳道臺與之理論不直，吳曰：租界之權歸領事，吳淞之權在我，若不納稅，即不允船入口，始復舊規。

煤氣

同治十四年設立煤氣燈公司於三馬路。初用戶止五十八家。

電燈

光緒八年六月十二日設立電燈公司。初在乍浦路，越十年，工部局始收回自辦。

自來水

光緒六年設立自來水公司，兩年始完工。法界自來水，則設立於光緒二十七年。

電報

同治九年大北電報始通海線至日本，大東至香港。十年，中國始自設電報。光緒十八年，始通西比利亞線，可與歐洲通電。

電話

光緒六年，上海始有電話。其初僅招商局與各公事房及碼頭商場之用，公用電話，成立於光緒廿三年。

電車

創辦於光緒三十三年。

汽車

光緒二十八年柏醫生始行駛用。

洋商戶口統計

道光卅三年海禁初通，中國內地，僅有洋商四百六十二名；次年增至七百名。二十六年在滬者一百〇八人，攜眷者十三人。商行二十五家。教堂四所。廿九年中國共有洋商一千零七人。上海一百五十三人。咸豐四年，上海二百四十三人。十年，上海租界有洋商一千四百人。中國人七萬餘。

總會

同治三年上海始設英商總會。同年十一月，設德國總會。光緒三十二年，遷黃浦灘。青年會成立於光緒二十五年十二月初六日。

銅像紀念碑

法巡捕房前之偶像，為紀念提督普魯德者。普氏於同治元年與洪楊軍戰死。公園內之紀念碑，為雲南被戕之英使麥加利。英領署之紅石紀念碑，為咸豎九年在北京辦理交涉而被戕者（已拆者不錄）。

醫院

上海最初設仁濟醫院。成立於道光廿三年，開設城隅，二十六年遷租界。咸豐十年遷麥家圈。其次為同仁醫院，設西華德路。初一美教士得洋一百元，設一小藥房，漸加擴充。德國寶隆醫院及同濟學校創設於光緒三十三年。

文化機關

約翰學校設於光緒五年。西童公學設於光緒十二年。至十九年始歸工部局管理。華童公學設於光緒廿九年。南洋公學設於光緒廿二年。尚賢堂設於光緒廿六年。

「《元史》專家」屠寄其人其事

屠寄字敬山，江蘇陽湖人。父業儒，困於資，至代人書繕以自給。嘗在縣署前，值鄉人為劾谿請斷離異者，初為書呈牘，旋悔之，即招其人返，謂所書有誤字，需重繕。鄉人還牘，遂急撕去曰：「吾不欲為人離室家之好，以重苦其子女。」一時廛市，傳為美德。越數十年，寄倖致薄產，即購置縣署前地，亦即其父曩日設覘席所，知者以為食報於後人，亦即今花樹卿牙醫室所在。父老趨鬧市，輒顧而目之，以訓迪後輩者也。

一年一度、燈船盛會

屠寄幼時，慧悟篤學，詩文一宗陽湖家法，出語驚其長老。年甫十八，即謂存詩已數千首，惟中年痛加刪乙，視為少作，不欲更寘之卷中。先伯父家塾同學，因多賡和，且與先父為總角之交，輒見狂生困學之結習。蓋維時書館清困，虀粥供炊，所持為資生者，不過書院之膏火，一時與劉樹森、可毅、張鶴齡、壽齡昆季均為高材生。書院月考，每作數篇，易名應試，輒列前茅。每篇得數千百文，則於領款後，鳩眾治酒食，健啖狂飲，所費無多。人各耗百錢為已足，月必一敘，鄉邦俚語，謂為油肚皮。名雖不典，風趣自足。又新歲鄉俗有燈船盛會，每於一年前，已為豪家所定備，艷娼畢集，肴饌紛陳。運河文成壩一帶，花艇斷流，酒香沸霧，笙歌竹肉，永夕為歡。墜履遺珥，不可勝數。寄等則賃一破艇子，以白紙籠三數為鐙，懸之篙頭，上黏質券（當票），復以虎子行酒，鉅盆盛饌，繚繞群芳間，高歌狂呼，揣枚肆唱，旁顧若無一人。而鐙船顯客，莫不驚視失色，屏息以俟。遊女亦群相指點，以為笑樂，豪情逸韻，脫略凡俗，見者胥以狂生稱之，固不知狂生驚才絕艷，別有懷抱，特以憤世之心，用為玩世之戲。迨天曙賦歸，書院山長，則召而詰之，詢昨宵之遊樂乎，於是同遊者咸慚沮，山長蓋嫉其放佚於名教之外，而又深愛少年之才氣，不欲遽加重譴也。諸生文材，寄為稱最，所賦火輪船，胎息兩都，可奪漢人之席。舉凡機械藝事，方技所施，於古無徵，難期爾雅者，乃一一曲為運用，典贍朗麗，絕非晚近駢家所能窺見。茲略掇其警策之句，示之同文：

……原其述思慮，圖縹湘。弛鎡幣，峙芻糧。采澤銑，俦摶桑。程式傀儷，刀鋸鍲鋌。鳩工於大人之國，居肆於沈墨之鄉。……含大鈞於寸慮，邈化工之在手。爾乃資五財以並飭，薈眾巧而作勤。廢班爾之繩墨，役神鬼之斧斤。鞹艂舡之具體，呀嶒崆之廣舷。腹廉錟以切浪，背穹窿以負天。修壇曼以昧莫，覞艙艕而迆延。遠而望之，若方蓬回帶乎雲煙。進而眂之，若鼉鼇奰贔乎海濆。其為巨也，其為怪也，制器以來，未之前聞也。爾乃疏欞窈窕，層艦逶迤，複疊桁梧，㛹娟流離。鱺屬鱗集，胥附節枇。腋以甬道，憑以軒梯。棍駢田之窅窊，激波景而熿微。翳常客之爰處，越諸司之所棲。飛櫓辨華，上賓攸廬。聯榻偕西，方廣尋餘。錦茵翠被，曼暖雲鋪。帷以藻繡，搆以流蘇。叛采色之纖縟，緻鏤會於綺疏。眇瀲景於玉鑑，爛燭夕以金渠。城不夜而煌扈，陵廣寒之瑩虛。

上述海舶部署之瑰麗，尚有若干言，不及備載。而其製器之妙，機運之精，更非大手筆莫辦者。

畢生之力、專治《元史》

先父十九歲時，離家去鄂，寄送之舟次，待潮未發，即就微燈下，掣草紙為送別詩若干首，才情敏捷，比於大家，亦不存稿。逮北上應試，散館任職會典館，分修《黑龍江志》，因親往邊徼，循崖泛江，或馳驟草地郊原間，考其遺跡，補山經水注之不及。嘗在內蒙古，收一義子，蒙古人尊禮天朝，上其牧場為壽，凡數百頃。維時京師學人，多治《元史》，李文田、洪鈞、沈曾植並以西北輿地之學，見重當世。洪鈞更得西洋人多桑所著，足資增訂者，為《元史譯文證補》，於是名益噪，而開西籍治《元史》之風氣。屠寄以遍歷東北及內外蒙旗，有志於此，晚出更精，即以畢生之力，專治《元史》。特命其子習法文，迻譯西籍，所得視洪為多，更以漢人作《元史》，僅就蒙古統治中國而言，初不詳其功烈所屆，視並包漢族，大至倍蓰以上。蒙古原盛極於太祖，而元朝之名，遠在太祖之後，亦且在太宗定宗憲宗之後，世祖牢籠漢族，以御漢宇，始建號中統，漸改至元。至元八年，始立國號曰元。而元朝之名，初不必行於蒙古本部。太祖駐蹕和林，四出征討，和林亦不名為都會，僅置四斡兒朵，而斡兒朵之設，且遠及歐亞兩洲。元代雖已為明所亡，而印度則甫入於蒙古，小王子又中興於蒙古本部。幅員之大，世莫與京。故若以漢人治《元史》，僅就明代以前元人統治中國之歷史而言，則所見者為甚小，不僅抑蒙古之聲績，抑亦誣元代之本根。因之立意別撰蒙兀兒史，以綜全蒙之史實。《元史》但只就中之一部，絕不足以概蒙古之史材。先後數十年，凡成本紀十八卷、列傳一百二十九卷、表十二卷、志一卷。所有中外各家著述，均為搜纂，即洪鈞所譯多桑原書，其刪乙過甚、譯義不同者，亦為補上，且並實以美國學者乞米亞司亞丁博士所撰之蒙史。實則洪譯詳於旭烈兀後王，略於拙赤後王。而察阿歹後王則各家多從簡略，惟乞米博士所著為特詳。而成吉思汗之先裔，元秘史固屬詳備，惟與西域人辣司特而哀丁及撒難薛禪所撰，互有出入，亦為參考異同，定為一說。在洪氏證補有目無書者，列傳九篇。蒙兀部族者一篇。亦為次第補成，計先印成者八冊，繼印者六冊。全書則其四子孝宧重編補正，為之開板於天寧寺，凡二十四冊。蓋寄初以絕學授之三子，三子早故，季弟乃以一手一足之烈，克底於成。以視並時流輩之治《元史》者，誠不可同日而語。東西學者，莫不引重。頗憶其客寒舍時，劇談至深夜，猶就先公索楮墨，翌晨則已書紙十餘番，蠅頭細字，莫非蒙史。先公謂譯名訂事，行篋無書，乃能成此？則笑指胸間曰：史料在此。春宵苦短，恨不及一一筆之於書，仍當期以歲年耳。

詞章瑰美、無愧學者

寄能飲，每飯必置杯酌。諸子量亦宏，家人常於夏夜，就院落逭暑，扛巨甕至，置桌底，則以漱杯酌酒傳杯，且談學問、論家常，皓魄中天，甕醅已罄，家人父子之樂，猶復未央。旋設糟坊於邑中，知者以為庶可供自飲矣。寄工詩，亦重法度，古文尤所名家。余髫齡時，嘗為親講陳涉信陵君兩列傳，聲容音節，聞之鼓舞。於虛字婉轉，筆法倒敘，前後映帶之處，隨為指授。余初秉筆學文，得其理解，遂通神悟，以視虛鶩陰陽之說者，為益良多。數十年來，粗諳義例，實有以啟牖之。寄特賞余求學之殷，列為寄子。余乃謂與蒙古少年同其輩行，宋元誠世讎，今乃置之勿論耶！每有新作，輒以見寄。且於眉間提識脈絡用字，纖悉勿遺，以為先導。寄旋任京師大學堂史地教習，所編地理教本，盛行一時，與桃源張相文之教科書，同行海內。論政之作不多，而極右革命。武昌事起，以鄉老振導里中，謂差復九世之仇。江南底定，出任常州民政長，勤勞民事，河渠溝瀆，親往勘測。北塘河之疏濬，利於城鄉者甚鉅，則盛暑戴笠督工，鄉人望見，以父母官至，致力益篤，兼程竣事，至今利賴勿替。以不愛官事，經年遂解組去，仍治所學。詞章蒙史，日不去手。又撰《常州駢體文鈔》，為世傳誦。

寄性和易，而家門肅然，責諸子之學於長君，以次督教，昆季無不凜然式遵者。亦多風趣。閨房勃谿，嘗語其閤中曰：宇宙以天為至尊無上，夫字則視天為高，自較天為益崇，應知所敬事無違，聖人造字，其意蓋若此。聞者無不為之絕倒。晚年好禪誦，天寧寺僧冶開，識其慧業，喻以淨土，皈依至篤，暇日輒往談經，時獲開悟，僧臘七十時，為作駢文壽序以張之。長子孝寬，留日教育高材生，歸辦常州中學，為江蘇之冠。三子孝實習法文、文學哲學，佐理譯事，均早不祿。次子孝×化學技師。四子孝宧，留日紡染技師，繩繩振振，不廢家學。所辨屠氏家學，造就特多。綜寄平生，困學不倦，詞章瑰美，以視鄉邦乾嘉諸老，誠無遜色。常州固人文蒐萃之鄉，得寄足以殿晚清學者之席矣。

我所認識的張謇父子

張謇、字季直，別字嗇庵，江蘇海門長樂鎮人。著籍南通，優於文學。初居吳長慶幕中，漸隨赴高麗。時袁世凱方以世家子投效，不為時重，輒往請益。其時謇文名籍甚，往應殿試，主者必欲物色得之。武進劉葆楨竊得中朝屬意，即於試策中略及朝鮮事，果獲雋。劉固雄於文，知者謂亦善於揣摩也。既占榜首，出翁文恭公門下。朝鮮事既敗，歸處鄉里，薄於仕進，有意為經世之學，研討農商水利植棉紡織冶金諸事，無不精至，棉鐵立國之說，比之於漢桓寬焉。

張氏代擬、退位詔書

謇甚重教學，慨於帖括之無裨政事，鄙而汰之。即就邑中舉辦大生紗廠，立師範學校，酌其所盈，以供修脯。旋而潰治道路，建制樓舍，撫孤卹老，設南通大學，與日俱進。南通為中國之模範縣者，實惟謇隻手之力，經之營之。維時山陽丁寶楨任山西巡撫，推挹備至，函中至有「與其為無價值之帝皇，不如為有價值之商人」一語。謇拜函，惶悚無地，隨即火之，以逃於文字之獄。

貨殖繁冗，文人每非所長，謇握算持籌，思緒井井，顧仍不廢藝事，日以吟課臨池為樂，朋好酬唱無虛夕。亦輒往返滬寧，主持江蘇省教育會事。立憲議起，即與閩縣鄭孝胥、武進孟森、崇明王清穆、山陰湯壽潛等設預備立憲公會。又任江蘇省議會議長。辛亥春，連名十人上書監國攝政王，規以勤政，毋任親貴，書置不報，識者謂清社殆不祿矣。

八月十九日，武昌事發，謇適在漢口，乃星夜歸來，館於「惜陰堂」商定大計，務主不擾民、少殺傷，冀以潛移默運之力，肇造新邦，少紓浩劫。一時經世文字，多出其手。各省聯合會，亦奉之為祭酒。和議之際，唐紹儀、伍廷芳兩代表，日往折衝，議已垂定，退位詔久不下。或曰：一代禪讓，亦當得大手筆為之。遂由謇擬作，電之京師。及詔下，大半均採用之，其原稿猶在人間也。

治墾植棉、沃野千里

世凱既任總統，謇就農商部長，少行其志，勸工治商，多所擘畫。又規畫水利局，為開闢新運河之議。世凱旋謀稱帝，屢為箴規，不能聽，拂袖歸去。特與趙爾巽、徐世昌、李經羲崇為嵩山四友，制定規章，贊拜不名，箋啟以字，勿稱臣，比於漢之商山四皓，為帝制中之珍聞。此後南北干戈之際，亦時多獻替，而卒不能盡其效。及既歸里（南通），益發憤治墾務。

先是通海有墾牧公司，闢地百里，捨鹽治墾，手訂條款，以付之江知源，秉命受成，所獲至豐，尤而效之，於淮南設公司植棉，及雜糧，賴以舉火者，數十萬家。蓋淮北治鹽，淮南改墾之利，實促其成，亦親見其利。筆者嘗往居旬日，遍攬敷績之盛、江海之勝，沃野千家，炊煙萬竈，乃不能不服其見卓而行毅，化斥鹵蜃樓之地，為桑麻絃誦之鄉也。固以墾事日繁，需資日廣，力或不任，則不免於支絀，憂心如搗，復為招致銀行團往參觀，群許其成效，因有鹽墾債券之發行，賴以支柱。凡與其事者，向與共甘苦，晨興啜粥，晚治麥飯，經國朝野之事，南通庶幾備之。益出餘緒，經營興築，平治塗道，或問其計政，以至家儲，則曰：「吾初無私蓄，亦不治生產，大生會計，為余料量所需；即有紅利酬給，亦入公項，為建置之需，其不足者，即由大生付之。吾以南通人，營南通事，初不為之強分公私，苟有不敷，吾子若孫，當代償其責。」語悖於法，而切於事，因茲人亦多諒之。

其時江南俶擾，咸欲得謇一言為重；方面干城，時時赴南通問大政。孫傳芳、徐樹錚均往遊觀，輒置杯酌迓之。又出任吳淞商埠督辦、交通銀行總理，親勘海塘，規劃淞鎮，惟期促未遑有所建樹。

為謇治文牘者，最賞余鄉人沈同芳、孟昭常、劉桓、孟森諸君。沈（同芳）早下世，孟氏（昭常）昆季，輒為視草，文彩斐然。劉（桓）嘗為農商部次長，漸隱於貨殖，不復仕進。又川沙黃炎培、蘇州沈恩孚，胥負眾望，時治教學，為當世所推重，咸與共患難文字之交。其鄉人管石丞工書，與謇神似，便為捉筆，其題名草書謇字，或類寶寶，公文畫押，隨手揮就，人或戲以寶寶稱之，比於王克敏之草押，似老妓二字云。所居先營數椽，近城濠，即曰濠南別業。風亭月榭，陳舊有儒雅氣，漸拓地治園囿，別築閎廈，則捨宅為博物館。嘗為其子孝若行冠禮婚禮於閎廈中，一時傳為盛事。博物館多出私儲以供之，殿試應卷，嵩山志勝，文獻之徵，歷歷在目。謇素重藝事，故繡繪雕刻之屬彌夥。余沈壽女士，吳人，工刺繡，其所作意大利皇后像，為海國所推獎，謇嘗延之授繡，亦多精品，張之壁間。

雅好樂藝、建梅歐閣

南通瀕江建邑，山水襟帶，饒有狼山諸勝，駱賓王所曾至。謇壯年嘗謁觀音殿，始舉孝若，以得神貺，頗事虔禮，因廣其寺，復營觀音院其間，遍徵海內觀音像五百幀，為鎮院之寶。祥雲馥郁，香氣氤氳，花雨諸天，華嚴彈指，因以為狼山公園。部置幽蒨，略似溫州之資福、積穀二山焉。

方謇七十壽時，與兄詧設大酺於城園，稱觴者雲集，謇亦自為題詠以寄興。又約故舊，婆娑為樂，遠比於洛陽耆老之盛會。謇固好樂藝，方宦京師時，新會梁啟超、番禺羅惇曧邀觀梅蘭芳槼演，彌致劇賞，賦詩遊揚之，復為工書摺莛，自謂應朝考以來，未嘗作工楷如此精整。日下傳聞，以為韻事。南通固有劇場，延歐陽予倩主其事。歐陽世家子，治新學，兼通劇藝，受任之始，頗圖振奮，後感於伶官積習之深，未易遽改，經年辭去，維時蘭芳南來，專舟往演，因建梅歐閣以志其盛，蓋掇宋人語以名之。唱和一集，傳遍海宇。從學者李斐叔，謇賞其好學，攜之上海，屬執贄蘭芳門下，即在交通銀行張筵行禮，隨梅北行，既又同遊歐美。李性簡傲，時與人忤，獨忠事師門無間言。綴玉軒筆札多出其手，清麗可誦，蓋沐教益者至殷。

謇書師宗元，結構略似劉石庵，雄健過之；又善十七帖，其為先公書則曰：「君師眉山，余特效顰以取悅耳！」治文學有法度，不尚風華，自然流麗，獨不好詞。余方受詞學，偶加督過，謂詞多鄭衛，詞人何補。余笑而存之，以比於晏臨淄之門下老吏，雖不能用，亦慼其誠。謇生平於裘馬飲饌，一勿華治，往往自稱農家子，雖進居機要，退比宏景，初未嘗以絲毫富貴驕人，人亦樂為之用。於孝若，愛之至篤，時見歌詠。

老僕行兇、孝若罹劫

宣統元年孝若甫十二歲，即攜之觀南京南洋勸業會，迂道海上，棲息「惜陰堂」，謂與余同歲，當締奕葉之交，歸即賦五古一章見貽。余亦有和章，則兩為改定之，自此兩家世好，音問勿替。先公復為介楊恩湛、鄭鐵如，授以用世之學，漸從一澳大利人南行，將赴澳學蓄植，其人僉壬，館於菲律濱，絜然遠去，遂復返，別隨鄭鐵如至美國習商事，先後遠遊，均有述作。菲律濱遊記及仕學集，為世傳誦。歸來執業上海銀行，漸為考察實業專使，赴歐洲一行。調任智利公使，未遑就任。又任淮海銀行董事長，以至鹽墾教育水利諸端，均秉嚴命，善為經紀。孝若天分卓越，文彩清麗，酬酢世務，施設允當，不必盡名父之傳，已足驚世而震俗。自謇謝賓客，屏居海上，董治政書數十卷，為《張季子九錄》，又自編年譜行於世。胡適以子為父傳，詳盡親摯，深愛其書，為長序以美之。世變未已，海桑易代，鹽墾之盛，少減曩昔。孝若知人善任，心力凋瘁，幸能支持其間，不墜先業，而閱世益深，芳華盡斂，日趨沈著，舉國譽為令子，視筆者之浮沈江海，抱持先集，數載未及殺青者，相視誠不可以道里計。方居上海時，輒共晨夕，亦少少從事於棉墾諸業，追溯總角之樂、趨庭之娛，倏已天上，為之悽惻，把手泫然。忽一日，老僕以細故行凶，深宵人就臥室殺之，而復自殺於戶外，知好震悼，乃莫察其致禍之由，誠前劫矣！

一　熊三督辦，雙鳳小淩波！

熊希齡字秉三，湖南鳳凰廳人。少有文名，寶山朱令，觀政是邦，即以其女字之。年十八，中進士，其時新學初興，改革議起，即與諸名輩如陳寶箴、三立父子、康有為、唐才常、梁啟超等，縱談大計，一時有新黨之目。日事會議，與學論政，其時湘中風氣特盛，胡元倓倡明德中學，招集俊彥陳果夫等任教習其間，希齡讚許獨多。

主持大借款勞績卓著

戊戌事敗，熊氏遠遊海外，避地江南，旋以端方好新學，深重其人，力向朝廷推薦，遂得隨五大臣出洋，考察憲政。繼又服官度支部，轉東三省，清理財政，有聲於時。既而卜居上海，與趙竹君氏「惜陰堂」為鄰。迨罷官歸來，仍潛心研討計政，不廢治理。

辛亥九月，改革事起，奮發蹈厲者，實繁有徒，而圖籍司農，則罕有精思默察者，趙氏俶然憂之，請其規策一切，綱舉目張，用以奠立課賦度支會計之初基，並以示之當道，孫、黃、唐、陳諸君，群相折服。因北行任財政總長。大亂初定，編遣軍隊，革新政制，在在需財，而課不繼，日嗟仰屋，始有大借款之擬議。惟事無前例，各國又相凌鑠，動輒阻格，遂以書抵趙氏，求得深諳律例、愛助中國之外籍專家，折衝其間，以昭公信。趙氏深以為然，物色德雷斯律師始終其役，勞績甚著。總統袁世凱，竟利用此筆鉅款，為排除異己之需，則非熊某等初料所及，而亦實為國家之不幸也。

未幾熊氏晉任內閣總理，網羅才俊，位之臺閣，海內翕然，有人才內閣、第一流內閣之譽。袁則既持南北之見，復有窺位之私，卒至解散國會，天下騷動，因以乞退。旋改任熱河都統，不久亦解綬隱去，自此誓不復任，僅刻意以救災卹孤為己任，京畿屢有災賑，輒任督辦，實行工賑，以濟危亟。復創設慈幼院於北京之香山。

創設慈幼院教育孤兒

香山為燕京勝地，金章宗所營構，明清以來，列為御園，禁人遊觀，庚子遭聯軍之劫，始就蕪廢。遜國以後，由官中經紀，得許編戶承租營繕，士大夫多構一椽，資為遊憩之所。希齡引泉導脈，疊石栽花，悉心規劃，幾復舊觀。築平屋於夢感泉邊，榜題雙清別墅，馳聲日下；又就歡喜園舊址，於高處建藏書樓，雲海半天，松濤萬斛，別舍賓館，遊客如歸。山麓壞殿，即就建慈幼院，招伶仃孤童，撫養教育，授以藝事，施以教化；又命弱女遠渡美國，習保育，歸為院師，年耗數十萬元之巨，該款半出之官，半集之商，資助者亦樂於將輸。河南督軍張鎮芳，以獨力建層樓，為治事之所，即以其名名之，海內樂觀厥成者日眾，所耗之心力亦日多。進而設醫院學校，香山之名為彰。扶杖涉足，終歲不倦。且營其太夫人葬事於山墟，自為生壙，永庇慈蔭，蓋夙以山主自居者，且欲永以山傳矣。

與張謇等合組統一黨

世凱稱帝意動，所謀日左，熊乃陰與蔡鍔、梁啟超等聯絡。謀所以脫之於險，滇南起義，洪憲瓦解，熊實有以助成之。

黎元洪繼任總統，復辟事作，溥儀受奸儈之慫恿，背禪讓之大信，復辟宮禁。時熊氏適居天津，即與段祺瑞、梁啟超漏夜定馬廠進兵之策，更密電南北疆吏名流，率起戡亂，列數復辟之罪。初，張勳以復辟事，嘗開會於徐州軍次，疆吏多遣行人參與，至是同起申撻伐，纔七日而事定，徒為史家之佚聞。世多頌祺瑞、啟超功多，未知潛移默化，帷幄運籌，猶有人在。大政既定，眾以熊氏物望所屬，請再出仕，則笑謝之曰：「吾為國家，慈幼育孤，其職責寧不益鉅，百年樹人，吾任其難，奚復不可。」於是益致力所事，且闢石駙馬大街居宅為民眾閱覽社及紅卍字會治事處所，日與群兒共晨夕，授以講章，每逢紀念節日、國慶令辰，輒集院生，舉行盛會，勉以愛國家、服公役。會畢，復置酒肉以醉飽之，群兒彌不感涕。其畢業者，更量材介以職責，院生以約束嚴、秉教導，亦多能盡其用。為世所愛重，遂養顧而樂之。春秋佳日，買棹南來，與知好杯酒相屬，縱論大計，所至倒屣。言經濟用世之學者，尤奉之為山斗。蓋素長政事，復歷顯仕，一時知名，多為後進，隻字見重於臺閣，深慮時出之老成，以是一時言事功者，無不願得片言相引重。

歐洲戰發，熊氏頗持參戰之說，國家亦薄有所獲，而國民黨人，或不之直。跡其平生，戊戌以新黨昌言改革，辛亥以名流振導革命，又趙氏嘗約辦統一黨，與張謇、湯壽潛、莊蘊寬有沆瀣之合。政府北遷，趙氏不更問政事，改共和黨，更嬗衍為進步黨，因之迄與國民黨持議微左。然黨人前輩孫、黃諸先生，咸禮重之。其鄉人譚延闓，更夙好往還無間，研討政事，率以國家為依歸，初不以群黨爭一日之短長也。

取之社會者還之國家

熊氏幼長文學，尤通政論，雄辯滔滔，振筆治牘，更紙十餘番不止；詳賅切摯，覽者咸為動容。辛亥秋冬間，以毗鄰密邇之故，時為趙氏草稿捉筆；及北任內閣總理，猶來函謂揆席繁冗，亟欲擺脫，仍歸為「惜陰堂」書記，氣類之合，於此見之。家居或為兒女輩講解文課，旁薄浩瀚，至躍登書案，口授指畫，聽者無不神會。

方其六十壽日，綜核生平所入，俸給貨殖，部別類居，列數十萬元，率捐為慈善基金，設委員會，延友好經紀其事，曰：「吾取之於公者若許，今仍當還之國家，用為慈幼之資，吾所需甚儉，自奉月得三數百元為已足，友好當就孳息所得，畀吾此數，以終天年，斯大幸事。」友好亦樂受之，按期董理其事。伊古散財之道，未嘗或見，風世勵俗，足以愧厚自封殖者而有餘。

投老難忘大小兩凌波

熊氏平日耽道樂靜，肝胃宿疾，時間時發，因習坐功內養之術，色澤加豐，神以日歛，惟舊疾猶未獲痊。關外事起，激昂特甚，與朱慶瀾等規劃救濟，陰策部隊，居恆粟六，頗為當局所忌。蓋嫉變亂之由，叢過於當道，清言諍論，不少寬假，以是朝列亦多不滿之，而其從事慈幼扶傷者如故。世變日亟，籌措維艱，勉自支持，心力為之交瘁，筆者嘗養疴北京豫王府，病瘳，客熊氏歡喜園流連晨夕者兼旬，輒往覘化育之盛。稚子牽衣，天趣揚溢，青年力作，竟日樂群，家居昆季之歡，初若不知塵外別有宇宙，誠足以化民成俗、樹德鎡基者矣！間亦少與聲色之盛，闈禁纂篤，憚事甚至，得間微服以行，彌用為樂。顧不嗜博，亦不豪於飲，清言蘭吹，用為絲竹東山之助。民國五年，身任河工振務等三督辦，而勾欄中雙鳳院有大凌波小凌波兩艷娼，過從較密，京師人士，為作諧聯云：「一熊三督辦；雙鳳小凌波。」盛傳於時。越二十年，筆者自關外觀政歸來，道出山麓，招作茗敘，綠陰如幄，鑑水一泓，爭談掌故。方憑夢感泉次，倒影淪漪，鬢眉奕奕，命謂老人凌波弄影，婆娑興致，不減昔時，因為追述斯聯。滄海變易，人事無常，大道青樓，猶留故影，足徵風趣雋永，情緒迴環，投老猶勿忘懷，為足念已。

再賦催妝剃鬚作新郎

希齡疏髯廣顙，論議之外，間作雅謔，尤愛獎掖後進，與青年學子語，溫淳如家人。亦偶作小詩，恬淡得陶謝法乳。書法頗師米蔡，意境極高，隨手揮灑，饒有逸趣。退隱後並好填詞，略似蘇辛，輒挾湖海元龍之英氣，艱詞澀語，一一驅遣。又學畫松竹梅花，橫幅長題韻語，足以名世。悼亡以後，鬱鬱寡歡，時多疾病。或南來小住戚友家中，臨池讀書，以遣永日，因識江山毛彥文女士。彥文留學美國，習文學教育有年，歸任教職，輕視天下士，無可意者，以與其女公子為同學，得承教益，獨重老人，遂論婚媾，方六十六歲時，彥文也三十三歲，結婚於上海貝當路教堂。先一日預演禮節，亦循唐紹儀例，薙鬚成禮。復賦催妝詞〈賀新郎〉一曲，以記其事。喜筵設新亞旅館，賀客盡集，則自起致詞，並引趙氏讚許之語為左證。蓋婚議垂定之時，嘗往「惜陰堂」，詳述其事，趙氏樂而許之，因以為言。婚後同至江山，謁外家，並攬江郎片石之勝，又北返續理慈幼院事。彥文夫人夙教師道，見重儒林，益勤所事。雙清儷影，望之如神仙中人。旋歸上海，以捨身許國為責志。海宇不靖，力事勸募，躬赴南洋，輦金至巨。滬警既發，與夫人移居香港，賃廡未就，作客九龍逆旅，方數日，為十二月二十四日午夜，忽感心疾，亟召醫至，已不獲救，遂謝賓客，權厝香港公墓。彥文夫人歸滬後僦屋以居，南北睽絕，兵塵路阻，猶關注院務不輟，足以完其遺志矣。

國劇大師齊如山

凡是懂些中國戲劇藝術的人，和東、西洋研究劇藝或是中國劇藝的人，可說沒有人不知道中國有位國劇大師齊如山的。不幸這位老先生以八十六高年，竟然為了心臟病於不久前在臺灣逝世。真可算是藝壇上最不幸的一件大事，和去年梅蘭芳的逝世一樣。

為什麼我們要為齊如山加上這國劇大師的徽號呢？因為：

一、他從小研究中國戲劇，到老不斷，把一生的心血，都貢獻於此道。在兩個月前，我還接到他關於討論藝術的信札。

二、他在潛心研究之中，對中國劇藝，制定了最高原則——無聲不歌，無動不舞——和各種詳細的分類制度。

三、撰寫了幾十部關於中國劇藝的書籍，完全以個人力量出版流通，使得中外人士獲到中國劇藝的基本知識。

四、一切研究都是腳踏實地的做去，既經盡量收羅各種道具、臉譜、劇本以及任何材料，又鎮日和伶界名人接觸，殷勤不斷地問長問短，獲得最精深的知識。

五、在北京招集同志，創設國劇學會，公開陳列各種材料，還發行各種刊物。

六、撰寫不少劇本，像古裝的《黛玉葬花》、《嫦娥奔月》，獨幕劇的《俊襲人》等等，都是在中國傳統戲劇中，打出一條新路來；至於家絃戶誦的《生死恨》，在他所編之中，還不算是創作。

七、富有對藝術和藝人的認識，自從認定梅蘭芳可以成功之後，就把全部心得，和梅研究，由梅上演，終於博得最高的成就。

八、培植後進，無微不至。記得我在北京的時候，他常應約到富連成科班，和一班學員講話，對於李世芳、毛世來更認為是有前途的人才，特加提創。

九、不但對於個人的成就和收藏，毫不祕密，並且對於任何研究劇藝的同志，不論識與不識，見面就長談、辯駁，通信就十張八張的詳加解釋；

復因為曾經到過歐、美、日本，所以遇見愛好中國劇藝的外國人士，更不厭求詳地指導、譬證，盡力推揚中國的戲劇文化。

十、多年以來，凡是接近伶界的人，要不是存心「捧角」，便是想「靠山吃山，靠水吃水」，可是他完全是發揚自己的見解，促進劇藝的成就，不但不圖名，並且賠累的都是自己的錢。他對梅蘭芳的合作，一切從劇藝上出發，絲毫不帶些「捧角」的心理，試問，憑這十大汗馬功勞，他是不是應該推尊為國劇大師麼？

說起他的身世來，齊如山曾經寫過一部回憶錄，所以不必詳敘，只要把他簡單記述好了：

他大名宗康，是河北省高陽縣人。晚清時代，高陽出了位同治皇帝的師傅李文正公，便是李石曾的父親，因此大家提起高陽來，便知道有個李家。可不知道高陽的望族世家卻不是李家而是孫、齊兩家。孫、齊從明朝就是望族，兩家更是交情親密，道同志合。到了明末時候，清兵進關，孫家出了位殉國的軍人孫承宗，永遠留下了民族英雄的光輝歷史。那時候，齊家是文人，雖然沒有參加戰役，卻也決心不願受異族的統治，所以齊家就定下祖訓，不許子孫應考和做官，寧可做一鄉民，自食其力。因此齊家在清朝就沒有什麼名氣，這卻和崑山學者顧亭林，南北輝映。

齊如山生在光緒初年，那時清朝的政治，一天腐化一天，國力一天弱過一天，齊家雖然仍是「務農為本」，「小本經商」，但是他的父親，卻是一位有知識的教讀先生。他看到世界的前途，知道後輩不能不求學上進，僅憑「詩云」和「子曰」的幾本舊書，是不夠應付時代的。正好那時京師設立譯學館，招收讀外國文的學生，他父親就送他去學習德文。

不久，庚子年間，發生了義和團戰役，八國聯軍，佔領北京。他在那無情炮火之下，好不容易，維持原有的糧食字號，苦渡難關，直到辛丑和約簽定，方始鬆了一口氣。後來，留學外國的風氣大開，李石曾本和他私交很好，且有親戚關係，大家重視新學，要想乘此機會，改革政治。李石曾正好要去法國辦理豆腐公司，已經招約南方革命同志張靜江、褚民誼等合作，當然也請如山同去，連如山的大哥竺山，一起赴法，直到辛亥革命，方始連袂回國。當如山在法和回國以後，一直參加革命工作，可是他本人對政治並不感覺興趣，所有關於人們最喜歡標榜的豐功偉業，從此絕口不提。我有時向他詢問，他總是回答說：「我們主張革命，現在革命已經成功，總算說到做到，還有什麼可講的呢。」

晚清時代，北京城本是一個銷金窟，但是一般市民所最愛好的還是戲劇。說起那時的戲劇，正是全盛時代，老生有程長庚、王九齡等，武生有楊月樓、俞潤仙，青衣花旦有梅巧玲、陳德霖等，真是聲容並茂，何況座價特別便宜，唱的又是日戲，因此全城的人，沒有一個不在戲院消遣，如山並不例外，恰好他家糧店，就在前門外最熱鬧的地點，走去聽戲，異常方便。

如山的聽戲，恰又有和別人不同的地方。人們是為了消遣或是欣賞才去，只管風雨無阻，永遠脫不了這個範圍。如山卻且聽且想，回家以後，還自己仔細琢磨，必定要從外面的做工唱句，去探討內心的含蘊。又往往把各種不同的身段、做工，像蹻工、水袖等等，臉譜像紅臉、黑臉、三塊瓦等等，分別辨認，比較分類，自己立出無數的表格來，一改再改，家人都覺得他的興趣，有些奇怪。

那時候齊如山天天看戲，不但戲園裡的執事和他認識，漸漸連幾位名伶，也都相熟起來。他有不懂的問題，就溜到後臺去，向演員們請教。演員們感覺興趣，有問必答，可也有時被他問得答不出，只好說：「這是老師傳授下來的，我們也不懂為什麼這樣」。如山對於這些話，毫不理會，只是回家一想再想，一旦豁然貫通，便把自己的意見提出，那些老伶工們，聽得出神，總是說：「對，可不是這樣，您是怎麼琢磨出來的呢？」照這樣下去，累月經年，他對於劇藝的造就，一天深似一天。這真是古人做學問的真實功夫的基本辦法，不論那一門學問，假定都能這樣做去，是沒有不成功的，只是人們很少有這種耐心和毅力罷了。

自從他到了歐洲，空閒的時候，當然也就是看戲。歐洲各國，來往方便，他不但看法國戲劇，並且看其他各國的戲劇。他一樣用深邃的目光和已經獲得的基本知識去看外國戲，並且特別注意到中外戲劇的分別各點；同時又看了不少外國的戲劇理論書，這更促使他對於劇藝有莫大的成就。

天要培植一個人才，也有其必要的條件：

一、生活安定——如山的糧食行，雖然不能發大財，每年卻有些盈餘，足夠生活，同時他有兄弟們管理業務，不必個人過份操心。

二、愛好寫作——如山是個愛好研究而同時愛好寫作的人，今天發見了些什麼，立時把它筆記下來，積了若干時的筆記，又把它分起類來，改正錯誤，補充材料，在短篇寫成以後，登載報紙，尋求同志的批評。記得他第一篇發表的文章，名叫〈觀劇建言〉，一經登載，便博得內外行最高的評價，因此更加促進了他對於寫作的興趣。

三、環境適宜——北京不但是中國劇藝的淵海，並且有各種不同的劇種（梆子班、崑班、弋陽班等等）和各地的雜型戲劇，（天津蹦蹦戲，上海滑稽戲等）以至於戲劇的前身演奏（大鼓、灘簧、子弟書等）。他知識豐富，見解深入，知道不能單就一種戲劇去研究，必須更要盤根錯節廣泛地去研究，因此凡是一切上演的玩意，都是他研究的對象。結果，方始考查出劇藝的來龍去脈，奠定了中國劇藝的基本原則。

四、得人實行——一個人滿腔的抱負，必定要表達出來，才始可以說到成就的高下。如山本身不會演戲，所認識的演員，雖然個個都是名家，但以前的演員們，只求上座，並沒有積極的上進心，聽了他的話，只管佩服，並不實行，使他不得不物色一位可以合作的人，發揚他的成績。正好遇見梅蘭芳，劇藝的根底既好，年輕好學，於是他的渾身解數，完全由梅搬演出來，結果，梅固然成為世界名演員，他這幾十年的苦心孤詣，也總算沒有白費心力。要不然的話，劇藝貴在實驗，沒有實驗，只管著作流傳，還不是紙上談兵，又有誰知道他的真才實學。於此可以知道一個學問家的成就，的確是件不容易的事。古人有「中興閒氣」（書名，唐高仲武編）這種成語，在戲劇方面講起來，如山和梅真是當得起的了。

話分兩頭，以下要敘說齊如山和梅蘭芳合作的經過。在他的《齊如山回憶錄》和梅的《舞臺生活四十年》裡面，對於這點，已經寫了不少。所以我要寫他回憶錄以外的材料，但讀者總還要覓致那兩本書，方才可以窺見全貌，我這一鱗半爪的記載是不夠的。

在晚清宣統年間，梅蘭芳才十五六歲，剛好學成了戲，就已經踏上了舞臺生活。因為是戲劇世家（祖父梅巧玲是名旦角，伯父雨田是名琴師，父親竹芬是青衣），很容易發揮這富有的遺傳性；加上他扮相好、學得精，一出臺以後，就極受到觀眾的欣賞。可是他在富連成搭班演戲，後來因生活負擔重，脫離科班，自己搭班，便要另外請人說戲、教崑曲，也是大路玩意兒（一般性的）。我們可以說梅當時的演出，無論怎樣好法，總不過合於規矩準繩，好比青衣是一向稱為抱肚戲的，遇見《祭江》、《祭塔》等，都是抱著肚子死唱，對於劇情和眼神、水袖等工夫，並沒有加以注意。北京人士，名為聽戲，也都是閉了眼睛，靜聽高歌，沒有人理會青衣的做工的。我現在敘述如山生平，恕不多講梅事，免得出了題目，喧賓奪主。

梅的戲唱得精彩，觀眾在欣賞之餘，就有幾位和他做起朋友來。每天前門外蘆草園梅家，總有三五個人，聚集一起，漸漸呼朋引類，每天必到的「常務委員」，增加到七八人。其中金融界的人物，比較多些，可是事隔五十年，現在活著的，不過三兩位了！

當梅春雷初動的時候，正是如山專心研究劇藝的當兒，他自然每天要上戲院去，只是他不像一般觀眾的閉了眼睛，打板聽曲，他卻睜大了眼睛，注意舞臺上每一動作。同時，他注意到劇本的精神、編製以及演員怎樣表達內心，傳出劇本的好處來。他耳聽、眼看、心想，至少是「三官並用」，回家以後，還把他所見到的，寫錄下來，最重要的便是記錄以外的改良意見，好像某種表演方式，不合劇情，應該怎樣才對，還加上理由的說明，當時對於一個問題，寫上洋洋大文三兩千字，好在他一向喜歡寫白話文章，可不是受到新文學潮流的影響，在他已經用白話寫作的時候，胡適之等還正在學堂裡大讀四書五經，寫文言文——看來並不難懂。

梅家每天的來客裡面，根本沒有他，也沒有人認識他。他雖然每天看戲，一有意見，寫錄下來，卻也無意於結交這位姓梅的新人，他可算完全是對戲不對人的態度。他不過把寫下來的，寄給梅家。在他的心裡，早已看出梅的能力是可以完成他的志願的，但他不自比一般性的「捧角」家，因此並不急於求知、急於賣弄。他可算是為了中國劇藝的發揚，後來才和梅接近，做了事業、學問上的朋友。

說到梅家的那些來客裡，的確是因為欣賞梅的藝術，方始和他來往，朋友們是夠出心出力的了。他們第一希望梅在演出上，有更好的成績，博得更大的成就。為了梅的前途計，每天邀集朋友到戲院去，增加梅的叫座能力，使到園主刮目相看，觀眾越來越旺；再又約集劇評家，不時寫出讚美文字，分登各報，造成更廣大的聲譽。第二，他們在梅演劇業務以外，更對他的學問和修養，絲毫不斷地督促鼓勵，既要他加強通俗文學的閱讀能力，提高他對於劇本的研究力，（當時科班中對於文字方面並不講究，能夠勉強讀得出劇本，已經算是第一流了）。還要他練習寫字、繪畫，（羅癭公每天看著梅影寫魏碑，批分數，另外幾位王夢白、汪麟士、陳半丁名畫師分日教畫山水、花卉、翎毛、人物）。關於生活和修養方面，一面每天約吃小館子，一面誘導他種花養鳥，不時還同去看西洋電影，注意西洋的化裝、演技各點，一來增加修養，一來調劑生活。如此積年累月下去，梅固然得益不少，朋友們也真是煞費苦心，樂此不疲。因為梅居然件件都能接受，並且成績非常的好，更增加了朋友們的努力。但是，現在追溯起來，可以說還留下了最大的一個漏洞，朋友們只想把梅造成一位雅人、一位名士，卻忘了他的基本業務是演戲，沒有在戲劇方面，多想些推進發揚的辦法，一切仍只由梅自己去練功，吊嗓。這固然由於朋友們對於戲劇，只有欣賞的能力，沒有研究的精神。可是老天要培養梅的劇藝，竟然有意無意地把這個大漏洞，交由如山去整補，結果不只補了漏洞，還使中國的劇藝，由於兩人的合作，推揚到全世界去。

在每天下午梅家客來的時候，郵差的下午班，也多來分派信件。梅本人交遊很少，向例十天半月，很少信來。一天，忽然送進一封很厚的信，梅就拆開來一字一字的細看，且看且想，點頭不語，好像很感興趣的模樣。朋友們等他看完，才發問道：「誰的信呀？看得這樣出神」。梅說：「我不認識的人呀」。這句話卻使大家驚怪起來，於是另一位說：「什麼事，可以大家看麼？」梅說：「講的是戲，說得挺有道理，我正要和大家研究研究呢。」於是把信鋪在書臺上面，好幾個人都湊上細看。當然，如山的戲評和一班報紙上亂吹亂捧的大不相同，其中恭維的話，沒有幾句，卻對於劇本的內心和演出的技術，細細推敲，最後還有改良的建議。如山所說的改良，當然不是一般淺薄的見解，而所要求改良的地方，也不過是那一處應該由對臺口改為打背躬，那一處應該把對白的詞句，前後改動，方合情理。所有這些改良的辦法，毫不困難，可是在梅家客廳上試驗起來，所有朋友們，的確感覺到比老本了更加緊湊精彩。大家因此又進一步研究這寫信的人，胡揣半天，也沒有得到結果。

如此三天兩天，就收到同樣的信，都是對於當天演出的戲的建議。等到下次再排那戲時，梅竟照如山的辦法改過，這可更喜壞了如山，以為「孺子可教」，信來得越多，建議也越來越深入。不由朋友們不主張請這位先生前來面談，當然其時就有人執筆，一揮而就，請來一晤。到了那天下午，蘆草園前，來了一位身穿青布大褂、滿口高陽腔的人，到門投刺，趕緊請到客廳，端茶相敘，這才開始了兩位名家的合作。

從那天起，如山便成為梅家的「常務委員」了。他省下了每天寫信的時間，在梅宅大發高論，討論劇藝。梅固然聽得頭頭是道，朋友們更其五體投地，有時其他名角來訪，一同談話，對於這位業餘戲劇研究家，能有如此精湛的意見，也沒有不嘖嘖稱奇的。此後不但梅本人對於演技上，隨時向他請教，就連梅的同業前輩像蕭長華、李壽山等，也都來問長問短。如山學有根基，見多識廣，逐一解答，沒有一個不同意他的意見，於是梨園行中，也沒有一個不想認識這位齊二爺（如山行二，北方人都這樣稱呼）的了。

梅於一九一七年那次到上海演出，就特地請如山同來，作為義務性質的舞臺監督。他本是閒人，借此看看江南春色，一說即合。因此我就有機會和他認識，彼此說得投機，友誼日深一日。此後梅每次南來，如山必然同來，如山知道我也「弱而好弄」，就談得愈加高興。尤其對於梅表演新戲的古裝、古舞，我曾經不厭求詳地問起他創作的動機和經過。他回答道：對於戲裝，我們看得多了，但是也看過無數的仕女圖，除掉生角外穿著得和戲衣並不相同，我固然知道戲裝是一種綜合性的表現，但是生角可以寫實，為什麼旦角就不能夠呢？因此我約了幾位畫家和梅成天研究，用舊報紙照剪各種古裝，又試做古裝頭套，忙了兩個多月，居然成功，也只有梅肯冒險嘗試，竟是開了服裝的新派。說到古舞就比較難了，服裝有歷朝仕女圖做樣本，到底還是依樣畫葫蘆的一件事。可是古舞，除掉三兩部書上畫些不倫不類的人型以外，並沒有像真的範本。我想了又想，最後除了各種禮樂記載外，我就細讀各種關於舞的詩、詞、歌、賦，好不容易把古人文字上所描寫的，一一把他傳真出來。同時利用戲臺上各式身段，像雲手、漫頭、過海以及水袖功夫等舞態，初次在梅家客廳上，且說且舞，好似瘋子一般，既不好看，又極辛苦，等到一改再改以後，漸漸有些樣子，朋友們圍坐批評，各別發表意見，經過半年以上，方始有些成就，然後再來配合音樂。在最先的《嫦娥奔月》裡，舞態比較簡單，效果只用南梆子等，那知一聲上演，鬨動九城，梅固獲得無上的聲譽，我也真在幕後「躊躇滿志」。其後再接再厲，又和武把子行以及北京有名技擊家，研究雙劍單劍，幸得梅向來練習太極拳，手裡腳下都有底子，所以後來各種舞態，愈出愈精，到了《霸王別姬》告成，方算完成了一段工作，真是「得來容易卻艱辛」。可是，觀眾在欣賞梅劇的時候，又何曾想到幕後有這麼一股主動力呢。

一九二七年冬天，我去北京，當然每天和如山見面談戲，興高彩烈。一晚，他到我家，取出他新寫成的《中國劇之組織》手稿，要我做篇序文。我對劇學，根本懂得不多，原不想在關夫子面前賣大刀，但是他一再說：「喜歡玩兒看戲的人誠然不少，可真當做學問去研究的人卻不多，難得你我同志，你還不寫一篇文章來提倡提倡麼？」憑這一點，我就寫了序文，接二連三的寫了好幾篇。日子過得真快，不料轉眼已是三十五年前的事了。我是因為嗜好太多，不能專心此道，如山卻永遠的往前推進，就是到了臺灣，在但憑記憶毫無參考的情況下，還是孜孜不倦。去年秋天，他又想整理舊稿，補充新材料，寫一部研究中國劇學全貌的書，先寫信來，囑咐我做序，我當然照做，還在信上，提起三十五年前的舊事，於今想來，怎不令人心痛呢。

在梅籌備出洋，幾次去日本、一次去美國、一次去蘇俄上演以及旅行歐洲的前夕，如山總是懷著「一則以喜、一則以懼」的心情，兢兢業業地做準備工作。他喜的是中國戲劇，從此大步跨入了世界舞臺，不但可使西洋獲得觀摩的益處，更可使中國戲劇的優點，流傳出去，藉此使世界各劇種，更加進步。懼的是演得不好，不能達出優點，反使西洋看輕中國的戲劇。因此，他獨力編繪圖案，手寫說明，請人翻譯英文，前後足足忙了一年半之久，不要說廢時失業，真可算用盡心血。那時間，雖然還有張彭春、余上沅幾位專家，一同協力，可是對於中國劇藝，是沒有人趕得上他的程度，一切還得聽他主持。最後在動身的歡送會上，他更鄭重其事的和梅說：「人家總說我是捧梅的健將，我實在是為了發揚中國的劇藝，非你不可，所以捧你，可絕對不是一班捧角家的心理。現在總算『皇天不負苦心人』，中國戲劇可以出國表演，和第一流的西洋戲，見個長短，我已經盡了我這部分的責任，以後就靠你的演出，是你盡責任的時候了。戲劇是集體表演，不但靠你個人，還靠全班人馬的合作出力，你是領導人物，更要多負些責任，督導全團，中國劇藝的成功和失敗，在此一舉，請你多多注意」。像這樣「語重心長」的話，算來也只有齊如山有資格可講，也只有力爭上游的梅蘭芳肯聽。結果，大大成功，遠在意想以外。可惜人事無常，梅既於去年故世，如山卻又在半年以後，一瞑不視，現在，只可寄望於後起之秀，繼續前修了。

如山的編寫劇本，是從各方面入手的。在初期，他曾為梅寫過新式劇本的時裝京腔戲，像《一縷麻》、《牢獄鴛鴦》等（後來北方奎德社等改良社會劇本，走的就是這條路子）。等到古裝戲、古舞戲開派以後，萬人矚目，他為確立這新派基礎起見，連續編寫《黛玉葬花》、《天女散花》、《上元夫人》、《廉錦楓》、《麻姑獻壽》等，其中《葬花》、《散花》更有文學上的意味，等到改編《千金記》做《霸王別姬》以後，總算達到了頂點。其中《晴雯撕扇》和《俊襲人》是另一路風格，《俊襲人》採用西洋獨幕劇制度，都受到觀眾歡迎。後來因為忙於籌備出國，好幾年沒有新劇本出現，直到梅回國以後，方才再寫《生死恨》，成為最風行的梅劇。

如山本是淡於功名，向不參預政治的人，可是在中日戰爭時間，因為避免日本人千方百計的糾纏，不能不躲藏起來。到了知道風聲很緊的那晚，就在家裡後進房屋，造牆堵起，自己藏在裡面，除掉家人以外，任何至親好友，一概不見，直到勝利以後，方始踱出前院。這種愛國的精神，促使他好幾年在斗室中過日子，真是使人敬佩。我後來和他說：「漢末趙歧，因為避亂，藏在複壁裡面，註了七篇《孟子》。宋朝呂東萊，因為新婚，躲在新房裡渡蜜月，足不出戶，做了一部《東萊博議》；但是一個只為避亂，一個只為閨房之樂，比起你來，迫於愛國精神，日子更比他們多了幾倍，真是一件可歌可泣的史事」。事實上，他確也在那斗室中間，勤苦用功，編書思考，永不休息。到了勝利以後，原是普天同慶、中國復興的機會，他卻想不到還都後的南京，依舊酣嬉放蕩，爭權奪利，他氣憤不過，在短短期間，改編了孔雲亭的《桃花扇》，來諷刺現實的政治。正好那時，梅在上海，他急於應時，就把本子交給楊榮環他們上演，北京城裡，凡是看過這戲的人，那一個不發出會心的微笑呢。

如山不但對於劇藝下功夫，他還對於一切社會上的事事物物，都加注意。他常說：「你們聽到北方街市上賣雜物和食品的人麼，每人或是吆喝，或用簡單的竹片、小鑼做廣告，發出各種聲響，都有節奏，這不是證明中國民族是富於音樂性的麼？你們住慣北京，一聽聲音，便知道賣的是什麼。但是有人注意過他的節奏和樂器麼？在愛談音樂和劇藝的人，實在也值得去研究下子」。因此有人就請他寫記下來。他說：「不賢者識其小者，我要不寫，決沒有第二個傻子來寫了」。過了一個月，他真的把一部印好的《故都市樂圖考》送給朋友，這種情事恐怕除掉他是不會有第二個人幹的。

他對於音樂劇藝，真是廢寢忘餐，終生不懈。記得我和他一次同去西北、蒙旗遊歷，我們住在綏遠，閒遊馬路，我正在那裡指點山水形勢的時候，他卻在街頭巷尾，東張西望，逢人搭話，忽然走到一家地攤上，買了一件莫名其妙的環鈴來，這樣簡單的東西，卻花了他銀元十枚。他隨即問我是什麼？我看了又看，說道：「這可能是唐代盤鈴傀儡戲巾所用的盤鈴，你看古香古色，製作雖然簡單，鈴聲卻有韻致，但這是我的推想，不過冒充內行的一句話而已」。他說：「這話說得有些道理，但是現在並不作傀儡戲的樂器用。現在是乞丐頭所用的『權杖』。你知道北方乞丐很多，地方上必定有一丐頭，加以管束，丐頭即是《鴻鸞禧》戲中的金松，是在官府備案的人，進項不少，甚至於潦倒窮困的親王、也去幹這一行。做了丐頭，臂上套了這種權杖，就有權隨時隨地，行使職權，對於惡丐，拘禁判罰。民國以後，這種制度，早經廢除，權杖也成為地攤上的古董，可是也不一定花錢買得到的」。我說：「自古到今，那一國那一朝的權杖，遲早不落到地攤上去呢！」他說：「丐頭運用盤鈴，也有節奏，實在講來，根本是件樂器，所以我要買下，帶回去參考研究」。我說：「研究有了結果，何妨收入舞臺樂器中間，配上九音鑼，作為夜深沉牌子的配音，應該不錯」。他當時非常同意這話，但是後來始終沒有再經提起，想是研究下來，音節不合於戲劇的用處罷。

我們一路從張家口起，路過宣化、大同、綏遠、歸化、直達大青山奔赴蒙旗。途中每站休息，總是同去聽戲，聽大鼓、聽落子，他邊聽邊記，更喜歡蒙古人所奏的馬頭琴。這西北一路，本是遼宋交界的地方，楊門女將和焦贊、孟良的古蹟，不論真假，隨處都有。又在大同同去號稱梅龍鎮酒家的飯館裡吃上等酒飯，憑著我們對於戲劇上的認識，一山一水，一草一木，感覺特別有興趣。等到旬日回程的時候，如山說：「我們可算唱完全部雁門關了。」這句話好像還在耳邊，那知如山已經「人間天上」去了呢。

說到如山的趣事，也很值得一提。他身體很好，從不說聲辛苦，可是從冬到夏，都穿上藍布蒙面的棉袍子。北京夏天也有很熱的時候，他照樣不脫不換，朋友都不知道他為什麼不怕熱。再者，他常和梅同出拜客，因此身上常帶有梅的名片。有一天，他獨自出去訪位新交，走到門前，當差的照例要一名片，進去通報。他隨手掏出一張交去，那知那個當差並不進門通報，並且對他看了又看，足足有三分鐘之久。他也覺得奇怪起來，最後，當差的還在拈著那張名片，被他發覺，也不免大笑起來，趕緊收回，另換一張。原來先一張是梅的，當差的看見梅名，對照古本，再也想不到梅是這樣的長相，難怪望了又望，不肯去通報呢。

他笑話最多，朋友聚集一起，總是滔滔不倦，卻又最有風趣，但也時時受到朋友的調侃。有一天，他寫信給一位汪姓的朋友，匆忙中寫做王字。第二天，收到回信，封面寫的是濟如山先生，他深感奇怪。等到日後見面，忍不住要問過明白，那汪先生回答得好：「你既把我姓上的水邊不寫，想是留著自用，我現在就此奉送，加在你的姓上，豈不甚好。」於是在場朋友，莫不大笑道：「今天齊二爺可遇見強人了。」

他一向安居北京，過慣的是恬淡的生活，家在東城裱背胡同（京戲《一捧雪》中嚴嵩手下裱字畫湯勤住過那條胡同），完全中國式平房，前後五進，兩邊還有偏院，院前小小空地，豆棚瓜架，最好看的是兩株大藤蘿。每當風和日暖的時候，他和朋友都搬出藤榻，在架下談話午睡。北方人慣於用藤蘿拖麵做餅吃，他家更其著名，談到下午，新鮮的藤蘿餅，隨時端來，真比什麼都好吃。他的書房就在院子後面，四壁藏書，牆上掛些掛件，可不是法書名畫而是臉譜、切末的五彩大單條，下註中外文字說明。書架藏的也十之八九是關於音樂劇藝的，從陳瑞《樂書》、《圖書集成樂律典》起，到各種傳奇各地小唱本，無一不備。他終朝坐在書桌，手揮心想，每天總有八小時以上的工作。平生只用毛筆，向不用墨水筆鉛筆，幾十年寫下來，樸質可愛。我想如山是一分鐘也捨不得家的人，此番白雲黃鶴，必定可以翱翔四海，更必先去省視他那三徑猶存的故居松菊的。

前幾天，我在報上驚悉如山逝世的消息，後來又知道他在審視他改編的《小放牛》上演，忽然發生心臟急症，不克救治的經過。我真痛惜他、敬仰他。痛惜他的一死，可能使研究國劇的工作，暫告中斷，敬仰他在最後一刻，還是殉葬在他的工作本位上。本來，去年他生過一場病，醫生在他癒後，檢查身體，說除掉心臟稍微衰弱外，別無他病，不料竟還因此致命。

他近年因為多求休養，寫作比較少些，可是人們請他寫屏條冊頁的很多，他根本不以書法出名，可又不好意思一例拒絕，因此也感覺有些勞累。去秋得到梅故世消息以後，精神很受打擊，特地在一本雜誌上，寫一篇紀念文字，其中不但述及梅的劇藝，還講了很多政治方面的理論，可圈可點。他特地剪報寄來，還附了一封詳信，那知道不到半年，他也追縱泉下，永遠離別了殘存世上的幾個老朋友呢。人們欣賞梅的劇藝，知道如山的大名，但因為他平生不愛自吹自捧，所以對他的工作，往往沒有深切的認識，這篇文字，應該可以作為他的傳記罷。

一九六二年寫於星加坡

世界藝人梅蘭芳評傳

劇藝大師梅蘭芳先生，不幸地已經成為歷史上的人物，但藝術是永恆性的，試看屈原的〈離騷〉、李白的〈古風〉、顧愷之的〈仕女圖〉、王維的〈輞川圖〉，那一種不是過了成千百年，還是人們心目中所念念不能忘記的名作。就講戲劇方面，雖然古代沒有留聲畫影的方法，把演出的形態遺留下來，可是我們讀到優孟和淳于髡等冷峭的談吐，也覺得栩栩欲活，神采如生。到了現在，總算科學的成績，賦予我們以留聲畫影的方法，使千萬里外，百十年後，照樣能夠領略到藝術的成就，這真是足以「傲視古人」了。

人們的欣賞藝術，不但是為了愛好起見，實在還含著一種希望它永久存在，乃至更加發揚光大的心理。所以比欣賞更進一步的工作，便是研究。把研究的材料，公佈出來，把研究的心得，發揮出來，這樣才可以鼓舞後起的人的發生興趣，又可以省掉走不少冤枉路，容易獲得進步。

關於研究梅先生藝術的材料，當然以梅蘭芳口述許姬傳記的《舞臺生活四十年》為最詳實，我知道梅先生要是多活幾年，此書必然連續出版，每本裡必然還分敘他幾齣得意之作的學習經過，可以作為後人的教本，可惜這事是永遠不能實現的了。我知道各地研究梅氏藝術的人，到現在還很多，也一定有人在寫梅劇的書籍，不過所寫的可能重於腔調方面，講到做工，已經很難提敘，要說到修養方面，那就更無從著筆，因為這是走出了劇藝範圍以外的事，卻又是藝術成就的重要因素之一，不是單講演出和摹倣演出的人能夠了解的。

同是一輩的人物，同是一位老師的高徒，成績大有好壞，這是什麼原故呢？當然，除掉受業以外，還有天分、學力和修養三方面。我們現在要談梅先生的成就，他那受業和學力部分，怎麼樣的苦學，怎應樣的研究，在《舞臺生活》裡已經記載不少。至於天分，除掉他是三代戲劇世家，無論先天和後天都便利於從事戲劇工作以外，也很難再有敘述。剩下來的，只是談到修養了。

要研究一個人的修養，決不是一位新聞記者的一小時訪問，能夠發現，也不是一位觀眾在戲院裡面聽戲，或是一位學生在書房裡面從學的時候能夠了解的。

必定要看到那人的全面生活，從聚精會神的應付工作，到從容閒散的消遣時光裡，處處注意到小動作和毫無關係以及不負責任的隨便談話中，積下無數的片段材料。再從這些材料中間，整理出一些頭緒來，前後比較，綜合參酌，方始可以大略明白得些，不過有些沒有經本人發揚出來的內在精神，仍然不會知道，說起來，或者比研究一字一腔的專門學問還難得多，這是因為第一不容易收輯很多材料，第二綜合參酌的方法，還在於研究的人的本身程度。所以往往兒子對於父親的豐功偉業，在傳記記上，可以寫得瑣屑不遺，但是在修養上，仍不過是些模糊影響的話，那就是談不到站在朋友的地位上了。因此，我敢斷定，和梅先生配戲、辦事的人，只管每天生活在一起，也未必能把梅先生的修養，一一提示出來。

我願意充分自白，我是一個不算懂戲的人，雖然梨園行——戲劇界——裡的朋友很多，多少年來，仍舊不能哼好一句半句。但是，我有一個習慣，凡是和朋友來往，很喜歡有意無意注視他們的小動作，聽他們那些「陰天打孩子，閒著也是閒著」的無聊談話（北方土語即閒下無事之意）。年代多了，材料多了，不期然的在潛意識裡醞釀成熟，認識了那朋友的修養。可是遇到有人問起我來，我還只能列舉所知道的各種材料，可始終沒法下一個概括的判斷，我總說「我提供你這麼多的材料，你自己去做結論罷。」這是我自己修養不夠的原故，不必冒充內行的。我以前寫過不少梅先生的記載，很多是他的身邊瑣事，愛看的人，說寫得很有趣味，不愛的人，便說不談梅先生的劇藝，只談他的生活，無聊之至。他們又那裡懂得我的用意，原在列舉各種材料，供給人家研究梅先生的修養的用處呢。我敢再說一句，凡是治現代史的人，對於研究對象的重心人物，實在應該這樣做去，才有成績。不要盡憑大人物有些「違心之論」的演說和開會演說時「裝腔作勢」的鏡頭，來下批評，在他們，那些根本是一部分的業務，正和梅氏的舞臺演出一樣而已。

事隔多年，不堪回首，我在聲明結束了寫述梅先生的記載以後，重又提筆寫他的片段生活，希望烘托出他的修養來。根據這些材料，實在太少，是否能夠供愛好梅先生藝術的人的研究，大有問題。這是要和讀者們道歉的。

第一，先要說他的厚道。人性的厚道，表面上似乎和藝術沒有大關係，可是厚－深厚－是對於人特別重情感，對於物特別愛護珍惜的心理。每一個人，對於自己成就的對象，當然珍愛，但是，倘使能夠對於一切人物，普遍的加以珍愛，這種心理，愈加培養便愈加發展，那就更可以加深他對於本身業務上的珍愛心，古人說「樂業」就是這個意思。試想，在本業以外都能樂，就更不要問他對於本業的樂了。

在北京梅先生家裡，養了無數名種鴿子，他每天起得很早，自己在小園子裡放鴿子，餵鴿子，自樂其樂。據梨園界老輩說，放鴿高飛，眼望天空，穿雲過霧，實在對於練習表演上的眼神，大有幫助，但梅先生是因為愛鴿子的原故，並沒有做練眼神的眼部運動，這種「無所為而為」的愛好，使一個因為演出業務深夜睡覺的人，天天早起，已經是件不容易的事情。後來遷居上海，因為地方小，沒有再養鴿子，可是一有朋友談到鴿子，他必定停止談話兩秒鐘，低頭閉眼，懷念他那些遠在天邊的老友們，使座客非常感動。他因為愛鴿子，就不忍宰吃鴿子，上海廣東酒家，很有幾家著名的燒鴿子的，朋友吃，他決不下箸，有些淺薄的人，起先雖然笑他勸他，到後來，終久發覺他的至誠，也大加讚許了。

北方的藝術家，對於園藝，都有一些嗜好，這是因為北方住家都有些空院子的關係。人家養蘭花，養菊花，他卻愛養牽牛花。牽牛花本不是名貴的花草，牆根樹腳，處處可見，他卻特別慎重地囑咐園丁，到各處採集不同的種類，移植到家裡來。牽牛花是上架子的植物，蔓延纏生，他就在小院子裡，搭起藤籬架，一株株的攀上去。幾年下來，竟然收到五六十種不同的牽牛花，在每天清早時候，露涼風起，一朵朵爭奇鬥艷，美不勝收，他一人巡行賞玩，親手澆水、捉蟲，忙得有趣。後來巡迴出演，每到一處園林，看見一朵兩朵牽牛花，他便下意識地把話題轉到牽牛上面，細講種類的分別和培養的方法，可惜同在一起的朋友，未必定是同好，聽他一番議論，反覺奇怪——我也是其中的一個——這種「惜花春起早」的精神，在一班人說來，不過當得起風雅兩字，事實上，卻都是厚的表示。

梅先生對物的愛惜，多方流露，記不勝記。且再談談他的對人罷。

他有一種奇異的理想。他認為人和人之間沒有一個不相好的，尤其人家對他更好。因此，他對人家，自然也就發生一種好感，從這好感上，進一步結成友誼以後，那就一天一天的發展下去。所以他的朋友，一年比一年多。他更不分階級，不分貧富，不問得意或是失意，永遠保存著深厚的友情。記得我家有個老蒼頭，總在門房照料賓客，梅先生來得多了，當然認識，因此在蒼頭倒茶的時候，必定寒暄幾句，甚至於在北京談到我家的時候，他忽然插口問道：「你那老蒼頭還很健壓？」同時還叫得出他的名字「阿才」來，使到合座的人，大家發笑。

關於對朋友和同業的接濟，是不用說的了。

他對於文學上，雖然沒有下過功夫，可是極會欣賞，因之對於文人學士，特別敬視。常住北京的樊樊山和易實甫，常住上海的朱古微和況夔笙幾位老先生，是他常去的所在。這幾位老者，根本不很懂戲，不過借聽戲來消磨時刻，發洩牢騷，更做了很多詩詞，用戲來寄托身世之感，像況先生的「黛玉葬花」〈浣溪沙〉，就有「少日馬嘶芳草地，東風鶯囀上林枝，而今真個隔天涯。」另一首最長的詞調鶯啼序也詠「葬花」有「葬花恨無香土」等句，完全是搭截法，可說和劇藝無干，但他卻非常得意地告訴朋友說：「況先生今日又填詞了。」就在《舞臺生活四十年》上，也特別提起他們的名字來，足見始終沒有忘記。

再說，幫人家的忙，是自己認為應做的事才去做，根本不但不應該宣傳，最好更不要人知道，梅先生可算真做到了這一點。像羅癭公和他向有交情，後來他的徒弟程硯秋拜羅為老師，請編《紅拂傳》、《花筵賺》、《青霜劍》等劇本，更加接近。不幸羅病死的時候，蕭條到衣衾棺槨都買不起，程就向他通融，替羅辦了全部後事。程的奔走照料，的確值得稱讚，錢可是梅先生出得最多，但是人們只知道程的慷慨、風義，從來沒有提到過梅先生，梅先生因為本身和羅的友誼，始終不願說破，有時和程同在一起，朋友稱讚程，他也點頭表示敬佩，此事恐怕只有幾個人知道，可以證明他的厚道。現在事過境遷，我卻要揭穿這一點，作為梅先生修養到家的史料。

再說氣節也是修養中最重要的部分，不憑這點自尊精神，是什麼事也做不好的。梅先生在抗戰期內，留鬚不唱戲，捱過五年苦日子，知道的人很多，可以不說。現在且說他在上海的一段故事。那時上海聞人杜月笙的一位夫人姚玉蘭本是唱老生的坤角，曾由杜請梅合演一戲，梅先生答應了，說定了唱「穆柯寨楊宗保招親」，梅演穆桂英，姚演楊六郎，地位相等。《穆柯寨》接下來便是《轅門斬子》，戲中楊六郎坐大堂大唱，穆桂英跪著半天，沒唱沒做，在京劇規定是由梅香配角飾演的。那天《穆柯寨》演到末場，後臺忽然有人說：「我們接下去唱轅門斬子，一切都準備好了。」梅先生一聽之下，明知要他做配角，並且要在臺上跪半天，無戲可做，因此立時說道：「我們早沒有說定，今天身體不好，正要休息，不能接唱了。」說完，臉色一沉，回頭就脫去戲裝，洗臉外出，這種自尊心的發越，明知得罪聞人而毫不顧忌，可算當仁不讓。

生活修養中間，做事有恆也是最關重要的。梅先生幾十年來的生活，除掉出門旅行以外，可算過的差不多的日子。他每天弔嗓子是業務工作，毫不間斷，是當然的事。此外，他打的一手好太極拳，幾十年來，由一位姓高的教師教導，每天總要練習一套，推手半小時。有時候朋友聚談得高興，教師一來，他就告辭出房練習，朋友們也只管在旁邊參觀。人家或有勸他休息一次的時候，他必定笑著說：「拳不離手，曲不離口，休息一天，就會休息一月一年，功夫斷了。」一他幾十年的身裁和體重，始終一樣，完全是太極功夫。可惜抗戰期間，經濟發生恐慌，無法續留教師，因此停止練習。我想，倘使一路不停的話，後來不致於忽然發胖，心房擴大以致於危及生命了。偶然朋友和他談起打拳，他最高興。也會引用臺詞說：「咱們比喚比喚，試試你的膂力如何（後句是《打漁殺家》臺詞）。」結果，朋友們那裡經得他一推便倒。

他在北京的時節，忽然高興去練打槍，每天不息的打得真有些功夫。那一年秋季，正好到廣州上演，廣東主席陳銘樞約了幾個軍政界朋友請他珠江遊船，他是特客。廣東軍人們大約閒得手癢，早就帶了無數用壞的燈膽到船上去。船到江心，副官們就把燈膽丟到江中，浮散水面，各用隨身手鎗打著玩，有中的砰然一響，水花四濺，不中的，忽哨一聲鎗彈入水，只輕輕在水面上劃了一道痕。他在旁看著，很感興趣。正好有人迴身問他道：「你識得這個麼，這是真功夫，不比戲臺上的花拳繡腿呀。」他笑了一笑，一言不發，就拿過那人的手鎗來玩弄，那人請他試一下子。他看準了目標，一鎗過去，碎了一個，再打再碎，看得那人佩服不已，說道；「真不知道大老倌還有這本領呢。」全船的人，早已看見，呼嘯起來，要敬他喝酒，這卻難住他了，他向來滴酒不嘗，只好告罪。

自從遷居上海以後，沒有機會再學打鎗了，可是「偃武修文」，他卻加功學畫。他本來已經學過畫的，陳師曾、王夢白是他的老師，齊白石時來指導，可是因為時間不夠，不能專心學習。又學的畫些蘭菊以外，都畫佛像。馮老太太八十生日的壽禮，就是親手鉤臨的普賢圖，精描細畫，前後花了兩個月的時間，幾次看看畫不起來，都想停筆。最後還憑自己堅強的意志，戰勝了貪懶的習性，終於畫成功了。自此停了多時，沒有繼續。直到抗戰期間，既不上演，閒著無事，正好北京老友湯定之來談話。湯是有名的書畫家，畫的松樹更是挺秀清逸，梅蘭竹菊，也都著名。他見著了談到畫畫，就想跟湯先生用功。湯在上海賣畫度日，本覺無聊，忽然有這樣一位大弟子，投門請業，當然一說便允。從第二天起，文房四寶都陳列出來了。梅先生是個有恆的人，既經開手，一天都不放鬆，大約湯在每天下午三時到梅家，從打小圈子學畫梅花起，一步步的畫枝畫幹，再是布局設色。兩三年來，湯沒有一天遲到，他也沒有一天缺課，終於畫得很好。到了第四年，他的生活更是清苦，竟然賣起畫來，和葉玉虎同開展覽會，賣去好幾十幅，來維持一年多的用度，這真是意想不到的一件事，可謂「有志者事竟成。」

每一個人都少不了有些嗜好，梅先生何嘗不是如此。好的嗜好的確於修養上有好處。梅先生是樂業的人，第一件嗜好就是戲劇。他只管演了幾十年戲，佔了最高的地位，背得幾百部劇本，可是閒下來的時候，總看見他還拿著那些戲本子，哼得有趣。我曾經問他還要看什麼戲本呢？他回答得好，說道：「臺詞動作，當然我都記得，但是戲中人的身分和小動作小過場就多一回研究，多一些進步。我在上演的時候，隨心所欲的演出，雖說不錯，但終還覺得不能體貼入微，何況上演的時候，顧著念唱打做，那裡還有研究的時間。現在閒著，卻正好研究一番。」這真是出神入化的話，我願意記錄下來，作為後輩藝人的金科玉律。

因此，凡有來客，不問是內行或是外行，只要和他一談到戲，也不需談他唱的戲，他都必聚精會神，和你解說討論，甚至於辯難。尤其是朋友們和他編寫新戲的時候，他更必一旁坐著，看人寫作，還隨手磨墨端茶；特別招待。一次，我注意到齊如山把新寫好的戲本《生死恨》，和琴師徐蘭園王少卿研究安調定腔，他真像小學生似的靜聽細想，隨時發表意見。先後三點鐘，翻來覆去，還只擬定了很少部分。他還說：「再想想，明天決定罷，這事是急不得的。」我知道那天晚上，他全部精神必是集中在這戲上了。

另一次，我和葉玉虎、李釋戡在他家編寫《抗金兵》。葉記得很多唐詩，隨便安上引子，很是不錯，如說岳雲上唸「驊騮開道路，鷹隼出風塵」韓世忠上唸「灰心緣忍事，霜鬢厭論兵」等等。我在編白口，隨寫隨唸，試試順口不順口，入耳不入耳。我根本是外行，有些臺詞便不合用。梅先生聽到我自唸一遍之後，常笑著說：「這那兒成呀。」或說：「臺底下那懂得這個呀。」於是大家狂笑一番。當時執筆的即是寫《舞臺生活四十年》的許姬傳，他聽到梅先生說不妥，即便擱筆休息，抽一枝煙。像這樣忙了五六天，方始寫下初稿。可是梅先生對於梁紅玉的臺詞，還在研究，因此又須加功學習打鼓。總算這戲編成，出演以後，成績美滿，不但抗戰初期，天天上座，就在抗戰勝利以後，觀眾的心情，已經不像當先那樣激動，卻也受到歡迎，南南北北，演出不知若干次。事實上，我對這戲，卻不敢認為成功的作品，因為把崑曲水戰的幾場，穿上《木蘭從軍》的外套，再加些大審杜純的愛國對白，實在不免於雜湊，不夠完整，不夠細膩。當時齊如山不在上海，沒有參加工作，我想他在看戲的時候，必定背後笑我們外行的。

梅先生不但對自己演戲的業務，感覺興趣，照樣「推己及人」，對於朋友同業甚至外行的上演，只要有機會或是受人邀請，也沒有不去的。上海不比北京，外行人只要面皮老，有幾個閒錢使喚，不問好壞，都可以登臺客串，梅先生卻同樣笑嘻嘻地坐在戲園裡捧場，事後還說：「也不容易呀。」要是梨園後輩出演，他只要聽說還好，必定去看。記得張君秋一天演《武家坡》，他和兩個朋友，直奔戲院，坐在樓上，等到張上演的時候，聽說梅先生在座，這一嚇非同小可，竟然唱錯臺詞，觀眾鬨然。唱完以後，梅先生親自到後臺好言撫慰，講起從前他本人也有怯場錯誤的地方，只要出演得多，就不會如此，張方轉悲為喜。這是梨園史上的一段軼聞，現在張已成名，回想起來，也應該覺得可笑罷。

梅先生同時愛護後輩，無微不至。和他同臺出演的童伶武生李萬春、藍月春，常受父師的督責，拚命賣力。他常勸父師不要過於嚴厲，妨礙了孩子們的發育。後輩們常去求教他，不需任何條件，有問必告，詳細委婉，還隨時放下口中的香煙，在客座前教授身段。再有人介紹，他都願意收為弟子，只要是前途有希望的人才。像李世芳（不幸廿多歲在青島墜機身死）等，鎮天跟他學藝，也就住在他家裡，可是絕對沒有學費餐費的。當現在和俞振飛結婚的言慧珠（名鬚生言菊朋的女兒）初次出演上海，因我的介紹，去到梅家請教。梅先生跟她父親，曾經同臺出演，本有交情，加上慧珠確是聰明好學，竟然話得投機，收為女弟子。等我知道了，說：「這麼拜師大禮，沒有請我到場，忘記了我這原介紹人呀。」又如孫養農夫人胡蘐女士，本是他老友的女兒，喜歡學戲，專去請教，他也一樣傳授她全身絕活，難得學得精通，不但登臺演出，還會教人。現在香港白雪仙的粵劇名班，由於她的指導，就異常進步，可說也成為梅先生的再傳弟子。梅先生真是愛戲，在上演的日子，只要前幾齣是名角出演——像楊小樓、錢金福、余叔岩、王瑤卿等——他必定很早到園，站在幕後，手稍微拉開些大幕，定神欣賞，倘有人也在同看，他必定隨時說明「這個身段真好。」或者說「這可不易學呢。」他的做工是絕活，觀眾又那裡知道一個藝人的苦心學習的經過，是這樣的。

除掉戲劇以外，梅先生的嗜好——也可說是一種興趣——卻寄托在小機械方面。他常常拆玩一只手錶，說在那裡修理，拆開一架無線電機，說在那裡較音。三更半夜，不肯放手。照相機也是心愛的東西，但是拍照的成績不好。在那三十——四十年代中，各國出品的無線電機，日新月異，他真見一種，愛一種，可也沒法都去買來。偶然聽見朋友家裡，買了新款的，必定親自去看。等到初期用電池不接電線的一種出現，他真忍不住了。他定要把本身的一架齊尼斯六燈大機，強賣給我，作價三百元，說道：「我要換買新的，你用這個，又便宜又好。」我只得照辦。

談到他的收藏，也是戲劇第一。他在北京，收羅了無數臉譜，從明朝起到道光朝為止，仔細比較，任何人都可以看出藝術的進化過程來。再是革命以後，宮裡南府太監們，常把保存著的舊戲本，皇上點戲摺子，三文不值兩文，偷賣出來。他就收到了不少珍本，有的是黃綾紙上，工楷精妙，有的是太監們隨筆記錄，潦草不堪，可件件是中國戲劇史料。這些東西，先後收存不少，他一向要捐入齊如山創辦的國劇學會陳列館去，現在不知道落在誰家？他也歡喜湘妃竹，隨見隨買，提高了市場的價格，朋友們知道他喜歡，送的也不少。他那一百多柄湘妃扇骨中間，我記得安徽人蒯若木送他的一把最好，長到一尺半，明代製品，原有的明人書畫，完整如新，扇骨斑點，螺紋可數，包漿紅潤，黃色的部分，濃郁得和琥珀一樣，這是他最愛的一件。田黃圖章，名人書畫，他也有不少件，但從沒有專心收集，只是人家送給他或是因為幫朋友的忙收下來的。至於他認識的人，專誠題款送的，那都是平生得意的作品，可說集合了近四十年來書畫家的大成。

他每天忙於劇藝，出外清遊的時間機會都很少，但是他特別喜歡遊山玩水。北京西郊的香山、西山，離城不遠，風景如畫，尤其深秋紅葉很多。好些人們的別墅，都是以前行宮廟宇的院落，深藏山腹，忽隱忽見，點綴著一片晴爽疏朗的風光，格外使遊人增加興趣。梅先生自己沒有別墅，但逢著有人的約會，必定參加，進了山門，改坐小驢，直奔山徑。一次正逢大雨，不能回城，就在別墅中歇宿，山泉澎湃，雨像穿珠，他竟盡情領略了一夜，沒有合眼。第二天大放晴光，雨後花木，都發出一種濃郁的氣息來，更使城市中人，感覺爽朗。他和幾個朋友，一路攀援石磴，直到最高峰上，俯視北京全城，都在腳下，高興得大叫起來。有位朋友說：「你看，這塊大石面正好對著下面，何妨刻石題名，留個紀念呢。」梅先生說：「對，我就寫個大大的梅字罷。」回來以後，真的寫了三尺見方的一個大梅字，字雖寫得不好，卻也雄勁勻稱，就此招工刻上，塗了朱色。要是去遊香山的人，至今還都看得見，這也是一件雅事。

最後，談到他對於劇藝的心得。

他是科班出身的演員，受過很嚴格的傳統訓練方法，對於中國戲劇，有最基本的認識。他深深懂得齊如山說的「無聲不歌，無動不舞」的原理，知道中國戲是合歌舞於一體的藝術（他佩服齊如山，也因為齊能夠說破這個原則的原故）。因此，他對於中國戲劇，只主張深入研究，卻不主張隨便改動，更不主張把固有的方法，參加西化。如說開門一個小動作，國劇用手儘夠表示出來，並且憑著各種不同的手勢，配合劇中人的身分，在絲毫進退尺寸中間，向觀眾提示劇中人的地位，乃至當時的心理狀態，這便不是用燈光，用道具所能表達出來的。他只嫌演員們不肯用心去琢磨心理，不肯注意於表演動作，可絕對承認這種表現方法是至高無上出神入化的藝術。在《舞臺生活四十年》那部書裡，談到《宇宙鋒》一戲，他記為這是最難演出，因為一個不瘋的演員，上演瘋人，已經不容易，何況這還是個假瘋人。憑這一點可知梅先生對於演劇是以體認內心為最主要部分。本來從前京戲中稱青衣戲為抱肚子戲——一出場來，兩手抱著肚子死唱——現在梅先生卻演得深入，這便是無上的成功，收到不改良而改良的效果。

中國戲劇，本來每一齣都有極精彩的部分，有的在對白，有的在唱工，有的在身段做工上。後來，有些教師避重就輕，避難就易，有些學生偷懶，更有些成名的演員，認為已經有了充分的號召力，就不需要如此費力。受著這幾種不良的影響，便把好戲演得散淡無味。梅先生卻對於這點，毫不放鬆，不要說絕不貪懶，還隨時力求精進。聽見那一位老輩對那一戲有特別身段，就專誠請教，用心學習。像崑戲《刺虎》拿劍轉身的身段，他演得特別美妙，與眾不同。人們恭維他演得好。他說：「這原是老身段呀。我是跟丁蘭生老師學的。我可沒有什麼新發明。」至於京戲方面，他時時去找王瑤卿——名演員，對於做工和新腔，特別有研究——王是一位通天教主，無所不能，可惜晚年本身倒嗓，英雄無用武之地。難得有梅先生和他研究，王就真把全身本領，加上自己參悟的成績，全部提供出來。後來和崑戲名家俞振飛同臺，俞雖唱小生，對旦角戲也頗懂得，日夜切磋，更多心得。本來崑戲的內容，比京戲精深博大得多，凡是演京戲的，也都必定要學些崑戲做基礎，梅先生崑戲會好幾十齣是跟喬蕙蘭學的。

青衣戲裡，唱的重要，是人們都知道的。梅先生對於唱，發音轉腔是天賦的不必談，且說唱腔。國劇的唱腔，固然有一定的法度，但是在法度中間，儘有從容伸縮的餘地，這便叫做新腔。梅先生最喜歡和他的琴師茹蘭卿、徐蘭園以及後起的王少卿，鎮天談戲，談的又都偏重在腔上。經過大家的合作，定下一腔，嘴裡先哼哼，胡琴試拉拉，不要說稍有不對，立時改過，即是對了，要是和劇中人的身分以及劇情，有些不對工，也便重新試過。他在定腔的時節，徐、王兩人，面面相對，靜聽細說，有時客人走進房間，直到桌前，還不知道，真可算是專心之至。要是編了新戲，那必使用新腔，研究起來，就愈加努力，定腔以後，不但請教內行前輩，還要當著很熟的懂戲朋友面前，試拉試唱，徵求大家的意見。要知道新腔並不是花腔，花腔只可偶然一用，等於曲中的襯字，新腔則是循規導矩的創作，更加難能可貴。此外，關於唸字的陰陽、上口、不上口，舊戲所有的，他固然都已熟極而流。在新戲裡，編者有時採用幾個生字，那就又須研究。記得《天女散花》最後一場，王又點填的一支〈風吹荷葉煞〉崑曲，引用不少佛經上的字，就費了很多時間，研究吞吐發音的正確。

我們試把梅先生的全貌，檢討一下子，就知道他的藝術工作是怎樣成就的。修養還佔著重要部分。我寫這一篇生活情貌，實在說，並不是專為表揚他個人起見，還是希望後來的藝人們，能夠從研究梅先生的修養而提高自己的修養，來促進本身的業務。中國戲劇，在外行人看來，好像嫌它簡單，說它有些地方不合理。但是只要稍一用心去觀察研究，就能夠知道它的妙處。不要說包羅萬象的京戲，就是各地的地方戲，也都有不可磨滅的地方，我們為了欣賞，為了研究，都值得加以領略。國劇的發揚光大，本是梅先生一身的願望，他總算盡力做出莫大成績來，可是以後的進步，不能不落在後起的演員和從事研究的人的頭上，這責任是我們不肯絲毫放棄的。

在我知道梅先生逝世的消息的第二天，我曾經寫了一首古詩——用蘇東坡贈息軒道士韻——悼念他，現在就附錄在這裡，借做本篇的結束。

投老隱炎陬，為歡憶少日。
烏衣識風度，壯齒未二十。
朝朝會文酒，夜夜巾車出。
我甫欲南征，細語別樓隙。
凡茲不勝紀，一擲拚今昔。
忍哀對遺影，猶似蝨歌席。
成連嗟入海，風雨從四壁。

一九六一年九月

惜陰堂辛亥革命記

溯上海以一隅之地，擅襟江帶海之勝，自道光間，外人持堅甲利兵，要開商埠闢租界於前，營貨殖設工業病民攘利於後，舉世矚目，誠莫不知百餘年來掌中國經濟之樞鈕，為外人僭竊之淵藪；而或不知中國三千年來專制政體之更張，雖導源於辛亥武昌舉義，啟建於南京臨時政府，上海實維卵翼革命孚育共和之所在也。寒家自先公於光緒中葉遷居以來，迄未他往，辛亥前後，尤幸少有以自效。惟生平淡泊韜隱，不務標榜，行藏多不為外人所知。逮捐館舍有年，張謇九錄、年譜、傳記及辛亥革命諸官私記乘日行於世，劉垣所著張傳，言之益詳，事遂不能終隱。際茲五十年後，尊嶽緬想當日趨庭所見聞，涉筆記述，以存其真，供史家採擇，獨惜失落已甚多耳。寒家榜惜陰堂，因以惜陰堂辛亥革命記名篇。

先公號鳳昌，字竹君，江蘇武進人，生咸豐六年丙辰，初任粵藩姚覲元記室，旋入粵督曾國荃幕府，張之洞代曾調鄂，均留任，廉能之實，見《張文襄公奏牘》中，終以被讒去官，移家上海。雖杜門卻掃而意氣不衰，賓客甚盛，相見談天下事，感悵清政之不綱，謀有以振起之者。然屢卻李鴻章招赴北洋，端方約出洋考察憲政，趙爾巽奏請復官兼邀去奉天，及京朝王公諸聘不復起。蓋鑒於中國之敗亡，非改絃易轍無可救治，抑且非一二長吏所能轉禍為福也。戊戌維新，先公雖不與其役，以友好楊銳及庚子許景澄、袁昶先後被禍，悲憤益切。庚子聯軍陷京師，且將延及長江，不得不謀所以緩眉睫之禍，遂鼓策盛宣懷與劉坤一、張之洞與各國訂立東南護保條約，江介賴以苟安。事詳先公手著〈惜陰堂筆記〉，載之《人文月刊》，不具述。（張非代曾，乃代裕祿——編者）

庚子以後，朝政日失措，民心日激昂，孫文、黃興立同盟會倡導革命；康有為、梁啟超猶主君主立憲，從事維新。先公兩無所預，而賢士大夫之過談者，所聚益眾，若南通張謇以殿撰棄官治農工於鄉里，時來上海，輒飲於寒家。又山陰湯壽潛、香山唐紹儀、順德梁敦彥、長沙胡元倓、鳳凰熊希齡、閩縣鄭孝胥、鄉人莊蘊寬、王清穆諸君，或顯宦，或晦隱，凡過滬必就談大計。又湖北年遣武備學生赴日習陸軍，均屬先公在滬照料行旅，先公必祖餞之，勉以立身許國，如蔣作賓、何成濬、李書城等，先後學成返國，多來起居，述彼邦治道。先公微窺其隱，咸結納之。迨清廷籌備立憲，於京師設資政院，於各省設諮議局，展轉引介，意氣投分，來客日多。即當地仕商如袁樹勛、曾少卿、蘇寶森、虞和德等，並相酬酢。嘗請任上海商會公斷處長，以不諳商法卻之。蓋先公以民為邦本，進圖改革，固必待時而動，人才則不可不預集以為之地也。

旋上海有預備立憲公會之設，張謇、鄭孝胥等主之，介先公入會。先公殊不信清廷之誠能立憲，且所聞於國外者日多，已進而嚮往西洋之新治體矣。然以為鼓動天下，必當有先開其風氣者，譬之涉江，宜先之以舟楫橋渡，立憲庶不失為舟楫橋渡耳。因亦參與會事。維時新知舊雨，抵掌斗室，先公或勸說顯宦如唐、梁以澄懷待變；晦退如張、湯以收名集事；銳悍如熊、莊以高明柔克。無不心心質引，目逆而笑焉。宣統繼位，載灃攝政，大用親貴，國人群起詬責。張謇約先公等十人因滿洲人慶寬上書攝政王，促行憲法，罷親貴，一新綱紀，事見張自撰年譜中，終不獲報，先公遂斷言清廷之無可期望，謀國必出他途以制勝矣。辛亥春，黃花崗事起，殉國至七十二人，大吏猶緣以定保案；川人爭自辦鐵路，川督趙爾豐臨之以兵刃；則喟然曰：「變發當不遠耶！」

方辛亥八月十九日(即公元一九一一年十月十日)武昌新軍舉義旗之夕，先公適宴客市樓，座有商人甫得漢電，約述其事。先公聞之有所悟。須臾，謂有他約先引去，賓客初不之異，即逕赴電報局以密電致漢口電報局長友人朱文學詢其事。又立約滬商人之負重望者侵晨往談。蓋機勢之至，少縱即逝，先公籌之既熟，知有可為，因奮然出申匹夫興亡之責，盡其在我，固不必謀之他人，尤以進促事功於必成，退免生民於浩劫，自非合舉國之心力以為之不易致效。上海據長江下游，集人力物力，繫萬國觀瞻，足為武漢之聲援，不待言也。

翌晨，得武昌覆電，知義師已大動，鄂督瑞澂已宵遁。因復電朱促張謇返滬，時張適去漢口也。隨往晤商會董事甬人蘇寶森，告以革命既起，滬漢商務息息相關，倘使戰火燎原，兩地均不堪命，急為今計，商會宜召各業會議，請滬地官商人民持以鎮靜。且電達江督張人駿固境自保，萬勿輕預上游之事。又上海有英法租界，萬一牽涉，貽害更大，應再由商會約西人商會開會，陳說民情，使達之領事，上聞公使。蓋先公深知蘇及虞和德等志大才疏，故僅先以安堵地方為言，陰在布達民情，冀阻江督之發兵援鄂，外國之助右清廷，俾予武漢以坐大之機，各省士商，方得從容計議順時翊贊也。其時清廷遇事輒仰外人意旨，外國公使又輒循上海領事僑商之主張為依歸。故復語蘇，當私告外商，此際應以保境護商為主，外人絕不當有所左右。倘為清廷張目，資以餉械，或藉租界之力扼制民軍，則地方必致糜爛，吾輩在商言商，無間中外，求其事速定耳。蘇似頗得竅要，唯唯稱是。其晚來報，謂中外無異見，領事且持此入告公使。卒之公使團集議，以清廷不足有為，且疾首庚子之役，咸不主助政府，不日即分別宣告，認民軍為交戰團體，各國嚴守中立。先公知事濟，欣然曰：「民軍自此當不以匪寇見稱，足與清廷爭一日之短長矣。」

先公固知商人之尚不足盡舉國之人力也。則別思所以策動各省者，自莫如各省諮議局與旅滬人士之公私交往。因展轉約各省籍友好，無論其為讚許共和與否，均來惜陰堂集商。奔走最力者，蘇人黃炎培、沈恩孚、孟森、劉垣、冷遹、雷奮；浙人褚輔成等。時張謇為諮議局長，人望所屬，函電四出，各省多聞聲相應。旅滬人士又紛函知親，轉達地方耆彥，請來滬計事或遣代表來議。於是先後至者十餘省，晨夕相見於惜陰堂。卒以十七省代表之力，奠南京臨時國會之鎡基，進而設置臨時政府，建立共和政體。克復河山，壯圖偉舉，何幸而出於惜陰堂斗室之間也！

自茲以降，先公以一手一足之力，日事部署。莊蘊寬時同寓寒家，間邀其舊部黨人鈕永建、王孝縝、趙正平等來談。旋長沙黃興、番禺汪兆銘、餘杭章炳麟、桃源宋教仁、長沙章士釗、三原于右任先後至。籌事縝密，服勞勤摯。即于役南北奔走其事，若山西景耀月、直隸張繼、山東丁世嶧、雲南張耀曾等，過滬必先來陳說當地情事，徵問進止，一堂濟濟，儼具開國之規模矣。當是時，黨人陳其美又率子弟攻製造局，不勝被執，事已危亟。會製造局會辦滬人李鍾玨為先公至交，始得因士商之力，說於主者釋出之。陳再攻上海縣署，知縣田寶榮踰垣走，上海光復。陳為滬軍都督，李為上海民政長，知革命計議多在惜陰堂，亦來與會。湯壽潛時長浙江鐵路局，來往滬杭，先公堅留之，屬預機要，因介識浙江光復黨人陶成章。陶卒以陳其美覬覦浙江都督一職，遣蔣中正鎗殺之於廣慈醫院。

先公時與十七省代表排日研討政情，有鑒於清廷之任袁世凱為內閣總理，遣馮國璋南征，初戰於武漢，民軍頗𠆤獲利也；因知清廷尚非易與，民軍則號召雖強，實力無幾，各地新軍數寡，並難策效，自非謀各地響應，不易圖功。於是又以各省代表分別導致當地紳商，合群力迫長吏易幟，各地多紛應之。江蘇巡撫程德全首以上海既失，宣告獨立，易白旗，稱江蘇都督，蘇滬始告粗安，然外省疆吏，猶或惑於君臣名分之謬說，首鼠兩端，遲遲舉事。先公即屬郵傳部侍郎上海南洋公學校長唐文治撰〈〈共和國體論〉〉，引證經義，謂共和非改姓，易幟非降臣可比以解喻之。滿洲人志錡為瑾妃、珍妃胞弟，貴重椒房，而見惡於慈禧太后，夙主維新，與先公遊，知革命得手之誤於瑞澂也；忽自京師來電，傳內意，請先公諷瑞自裁，以謝朝廷。先公固與瑞還往，所寓尤密邇惜陰堂，惟以死節豈容人勸，且方為革命事，日不暇給，安得復有餘時為清廷傳達使命，即笑而置之，瑞卒令終。

初民軍之發難於武昌也，風聲所被，舉國騰歡，人爭自效，然或忽其遠且大者。先公顧慮所及，多預為之地。聞清廷之電調海軍赴漢助戰也，先公知海軍薩鎮冰素敬事鄭孝胥，鄭與寒家望衡，過從夙密，時雖以革命棄湖南巡撫職亡歸隱晦，（按：鄭非巡撫。——編者）先公尚屬其電薩，勿炮擊武漢，以重民命。鄭繕稿即發。又梁敦彥時任駐德欽差，先公以德國向主君主政治，清廷及袁胥親德，即電梁謂國內戰爭萬不可乞助外力，苟朝廷有所求於德國，務為阻遏。梁電允諾。又民軍及各省諮議局四向通電，獨遺內外蒙古。會從叔叔澤時任張家口電報局長，先公即詳電使轉內外蒙旗，同申義舉，頗有覆電讚許者。又傳聞攝政王偶作豪語，謂朝廷尚有好督撫在，何懼於革命。蓋指升允、岑春煊輩。先公即請張謇擬一請遜位電稿，同攜往謁岑，即席說其簽名發京師，以孤清廷之勢。類此舉措，謀定即動，率出臆見之所及，多不勝記，聊述一二而已。

方蘇滬之乍告光復也，武漢戰事未已，南京張勳負固自持，大江南北，各地自署都督者，林林總總，無所統隸。清廷內荏，尚稱用兵，袁世凱又已蓄意盜國柄，於是惜陰堂賓客雲集，論政以外，兼及論軍。軍事固非先公所深習，而來者要以增兵籌餉為言，請纓北伐為志。先公鑒其誠，而明知餉源之無所出，募勇之不勝戰，且番號統屬之難饜眾欲也；亦不能不詳讀其節略，細聽其言說，而終於善言慰勉，期以儲才待命。後黃雖任大元帥於南京，同患束手，每告來者以試先赴滬與先公商之，遂歷有胡漢民、譚延闓、李烈鈞、柏文蔚各都督來謁。以至卸職之第九鎮統制徐紹楨、第八師軍人張厚琬、李書城、黃葆蒼、陳元白、鎮江都督林述慶、江北都督洪承點、吳淞都督李燮和、滬軍參謀長黃郛，乃至女子北伐隊長林宗素等，雜沓紛至，戶限為穿。其明識事理者，鑒於先公之推誠喻說，漸諳實情，而矜才使氣者，猶不免怫然色厲，直至和議初開，始緩其事。所幸黃、汪諸君深知艱苦，能見其大，尤習知江浙光復，多出地方人士之幹略，頗不自封於黨籍，於事良便。逮孫文自海外歸來，則南中大事已粗定矣。

計武漢義軍之發難也，固出同盟會涵濡之深，而各地響應，尤賴地方人士之策力，是非身預者不能洞悉。故孫文悤次歸國，不容知光復之詳也，抵滬翌日，即來惜陰堂，致詞謙摯，語先公曰：「革命大業，諸君子功定垂成，愚願幸償。猶當勉繼全力。海外消息梗滯，百不得一，請詳述之。」先公遂一一陳說滬漢情事。其後屢至，商統一建國諸要端，尤先以網羅英賢及國家財政事。其時四郊擾攘，各地都督，就地科餉，雖病民而不足以存給。即在上海，陳其美來惜陰堂夜談，竟得《民立報》于右任電話告急，謂民軍以無餉且圖焚都督府，陳至不敢遽歸，可概其餘。迨江南差定，計政人才，尚難其選。於是先公介熊希齡入局。初熊官度支部，出任東三省財政監理官，鉤稽精至，夙著能聲。時適屏居滬上，與寒家卜鄰，輒共尊俎，僂指財政，如數家珍。然知其秉性岸介，不屑求炫於當出，未易強致。則約日往談，移晷，似猶未畢其辭；復挽來寒家續話，及入座未幾，孫、黃繼至，蓋夙先約之矣。既相唔，暢論革命事，特重財政，孫、黃並重之，請草訂設施綱要。熊窺其意誠，先公又堅促之，遂盡旬日之力，屬稿攜至。見者咸以為精析可用。此後遂即資之為探討之本，卒定財政計劃。熊亦以理財聞於時，歷任財政總長、內閣總理。

莊蘊寬為吾鄉健者，以文人治新軍於廣西，繼鄭孝胥為龍州邊防督辦及教練公所諸職。夙收新人入軍旅，蓋蓄大志者久矣。時客惜陰堂，凡所計議，無不允當。孫黃並以為能。南京臨時政府肇建，江蘇都督程德全不勝任，告罷，先公即主莊繼之。遂移省會於南京。民黨中人咸欽其清剛守法。政府統一，袁任為都肅政史，首劾洪憲籌安會帝制之謬說，以直聲見稱於世。又浙江光復黨陶成章被狙，陳其美無吏才，都督難於得人，先公遂舉湯壽潛。湯淡泊廉能，素為浙人所敬愛，以劾盛宣懷削官，名動京國。獨不樂於仕進，雖孫黃面懇之，不少顧。先公不得已責之曰：「君養望有年，舉國奉以令譽，絕續之際，乃不為國家少效職責耶？」湯始勉允，期以三月必退，且謂革命不當囿於種族之成見，若輕殺滿洲人，即日引去，眾許其言，方襆被就任，既而杭州民軍誤殺旗城一兵丁，果即卸篆。返告先公曰：「吾守誓言，慎勿輕責矣。」南京臨時政府初建，任為交通總長，政府北遷，絕意卻袁聘，迄為士流所稱許。張謇客寒家，與民黨日夕周旋，旋以先公舉任農商總長，先公固不好事汲引，然為人為事計，必襮所知者，使效力於國家。民黨在建國求賢之時，亦多徇先公意，尤重其有知人之明，是以臨時政府籌商人選，孫黃及汪宋屢出名單，徵詢當否。先公以建府開基，既須兼納眾流，更當克副民望，取捨慎重，彌勞神思，片紙提名，鉤抹數四，而後定其議。孫且堅邀同赴南京，強以艱鉅，章炳麟復於名單書「樞密院長趙」，而已副之。先公笑乙己名曰：「此席非君莫屬。余固自誓，僅策微勞，不奉公職，諸君子必夙聞之；況孱軀誠所不堪乎？」於是卒罷其目。旋改聘為顧問，亦婉卻勿就。先公每謂余正以聲言不離滬，不出仕，故人人見諒，易集事功，無我誠為政之大本歟！

袁世凱陰蓄異圖者已久，迨清廷以革命事急，起之洹上，初示偃蹇，終主大政，先以馮國璋師迫武漢而又忽緩兵；一示南中以有機可乘，一見指揮之長以自重，於計不為不狡。清廷強弩之末，聽之而已。至於南中，則革命成之於民意，義旗四舉，初無練卒，所謂民軍，除各地僅有之新軍改編外，多集學生子弟為之，徒立番號，昌言北伐，實不足與北洋抗衡。凡此情事，孫袁固兩知之，孫知軍事之難於倖勝而不能不作壯語，策勵干城，慰藉民望；袁知南征縱大捷，大位終不我與，故不惜假軍事之抑揚，謀進取之捷徑；於是南北兩方均處於危疑震撼之中。又即此以形成和談之一線端倪，惟終苦於形格勢禁，無可展布。孫黃固嘗躊躇至再，冀能有出奇制勝之術，越此難關，完成大業者。

天下政事相敵，不出和戰兩途，袁於此傍徨失措間，亦不得不謀與南中傳遞消息也。會袁部趙秉鈞知其屬洪述祖與余家為鄉戚，且與先公稔；又知先公陰策革命事，因由洪以私函來窺意旨。先公立示之孫黃，僉曰：「今日但求覆清，以行共和，不戰而勝，奚不可為，且足補南軍之拙。惟當得其人而語之耳。」於是先公舉唐紹儀，謂其能通治體，有權識，既為袁之故舊親信，又夙厚於私交，倘得唐來，事必易與。孫黃雖不識唐，以信先公言，即加讚許。先公遂緣唐之鄉人同學上海電報局長唐元湛密達京師，與唐通款曲，請為國家戮力，南來協商大計。唐固機智，窺情事之推遷，知安危之所繫，尤重先公，甘以身許。袁知計售，私心為幸，即命馮觀望於武漢，武漢之圍，由以少解。實則武漢苟涉疏虞，南京亦失屏蔽，和固不僅利袁，抑且大有利於南中也。然袁左右無可使者，既知南中屬意於唐，終任之為議和代表。惟先公以洪雖先授關節，而其人便辟好利，必致僨事，因屬唐勿更令預聞。已而果以預殺宋教仁案事見法。先公夙以己函示之孫黃，至是，咸服先公有遠見不已。

其時，袁以一身總北方之全局，南中則同盟會外，地方人士，並參政事。同盟會中，孫黃以次，又不無同異之嫌，發言盈庭，多所參綜，難期制勝。先公因商之宋、章、張、湯、熊等，組設政黨。凡國人之主張共和及統一建國者，不問其南北新舊，有無黨籍，率可入會。眾謀僉同，孫黃汪等亦以為然，不日遂成立統一黨。地方人士以外，同盟會人汪兆銘、宋教仁、章炳麟均列黨籍，唐紹儀旋亦來蒞。理事會中選張謇任理事長，章炳麟蒙秘書長，先公兼基金監。緣是而黨人與地方人士水乳益融，事在辛亥十月間，較孫之於次年改組同盟會設國民黨為早，實為民國第一政黨，且兼容各派，共赴一鵠，直開後來政黨聯合陣線之先河，彌為國人所樂附。旬月以內，各省入黨者數千人，先公按時往治事，迄於統一告成，政府北遷，章主黨部隨去，先公猶以為應暫留上海，徐覘其後，格於眾議而罷。遂立辭基金監及理事職，不更問黨事。既而章受拘禁，統一黨為袁操縱，改共和黨，而沿為進步黨，頗與國民黨相齮齕，且有附袁之嫌，誠出先公意料之所不及，且非所忍聞矣。

初、北方雖主和議，猶定在武漢開會，先公以武漢軍事未已，堅持不可，又密告唐，非來滬開會，即罷其議。孫黃並以為然，袁卒屈允。唐當自漢口水道來滬，假寓英商卜內門經理李德立家，李迎之江干，先公未往，唐倚舷頻以為問，無應者。其夕即來惜陰堂深談，即席定以共和政體為鵠的，謂來日所議，僅斡成此局之步驟耳。翌日，先公約孫黃同來惜陰堂晤唐，孫唐同鄉里，彼此一見，以鄉音傾蓋，握手稱中山，似故交。黃為湘人，則微示禮數，稱克強先生。此後不三五日而一晤，盡掬肺腑，其有不容直率傾吐者，即先公為轉達之。唐於名分為清廷代表，一切自不能不於議席有所爭持，然陰主共和，謀之至篤，孫黃咸相敬佩，未嘗目之為敵軍代表也。

方唐之南來也，南中尚未指派代表，黎元洪以為事發於武昌，應由鄂主和議，民黨亦眾論不一，尤以唐為清廷顯宦，政學前輩，必當擇地望相符者與之抗手，久久始物色粵人曾任駐美欽差之伍廷芳任之。伍休官居滬，素不問革命事，亦不與黨人通聲氣，而陳其美一日徑投刺造訪，請出任南方議和代表，伍不識陳，卻之再三，陳竟長跪以求，伍感其誠，始允就任。伍居與惜陰堂不遠，後輒來晤，為先公面述者如此。逮部署就緒，已定翌日假英租界市政廳開會矣；伍忽念及代表尚無證書，焦迫無計，立移函先公，請速發給，備開會時審驗之用。先公固不預瑣事，得函大以為異，然不能不立為轉達，且促繕發，次日始克持赴會場。伍嘗就李鴻章幕府，官於北徉，與唐亦舊好也。和議數開，捨雙方停戰限期以外，凡國體爭持及人民投票諸端，均無成就。袁尤遇事挑剔，以求信清廷，南中則聲勢日宏，山陝光復，而實力猶患不充。袁已熟譎言戰言和之舉足輕重也；則益上下其間，便行其私，終免唐之代表，親負和議全責，而展轉示南中，倘屬以總統之任，自當翊贊共和，締措新局。南中時正困於偏安，絀於餉械，百不得已，亦僅有先樹政體，再圖其次。至袁之異志，人所共見，則冀納之於憲法之中。因之南京臨時國會先制約法，繼以孫宣言讓賢，選袁為首任正式大總統。約法定責任內閣制，總統無施政之權，且移都南京，袁南下就職，又應以黨人為首任內閣總理。袁初勿之允，幾在惜陰堂辯論調處，終以唐紹儀加入國民黨為內閣總理，粗償南北之願，事始克諧。茲議既決，袁遂致力共和，坐遣北洋軍人紛電奏請遜位。又飾詞動隆裕太后、攝政王，清廷知大勢已去，無可挽回，終承受優待條件，於辛亥十二月二十四日即一九一二年二月十二日下詔遜位，蕩滌五千年專制之瑕穢，計距武昌舉義，甫百有餘日耳。

方大計之既決也，南中計日俟遜位詔書，期釋重負，而期之殊不可得，或以為事有中變矣；一日，先公忽有所悟，語張謇曰：「明詔未頒，恐京師無大手筆足了此案，君試擬為之。」張初笑謝，以為不可，終於著筆，就余案頭八行橫箋，不具首尾，書數百字，文甚樸雅，先公以為可用，亟電京師。不出所料，北方前擬數詔，均不中體，袁正患無策，得之大事稱許，一字不易，僅加「由袁世凱以全權組織臨時共和政府，與民軍協商統一辦法」一語頒行之。方集議朝堂，加此語時，僉以袁此日猶為清臣，不宜用「請」字；來日既為國家元首，應存謙撝，又不宜用「命」字；躊躇良久，忽有人脫口謂「由」字寧不適用耶？群相俯首，以為千金國門，信無可易。又以張稿至「余與皇帝，得以退處寬閒，優遊歲月，長受國民之優禮，親見郅治之告成」而止，語氣似不完整，於是復有人增「豈不懿歟」一語為虛結，雍容宏肆，神理具足，通人之筆，詢可稱已！詔下之日，陳其美適來惜陰堂，逐句朗讀，至「商輟於途，農輟於野，人心如此，天意可知」諸語，嘆息至再，曰：「亦可傷矣！」陳素以驍悍著，感於張文，彌存矜憫。先公每謂其亦謹愿之流耶。張手稿存惜陰堂有年，某年《申報》國慶增刊，屬余記辛亥事，因影印以存其真；惟張譜失載其事。至孝若、劉垣撰傳，始揭出之。先公嘗語張曰：「朝廷養士三百年，君以文士，策名狀頭，固不當養為之詞，以酬特達之知耶？」胡漢民初不知其事，以為別出他手，至孝若傳記及影印本出，始爽然自愧失言矣。

統一之局既定，袁任總統，唐任總理無異詞。於是進擬第一任內閣名單，時唐日在惜陰堂與汪兆銘、張謇、熊希齡、宋教仁、章士釗等計議，孫黃亦間至抒所見，僉求融南北新舊於一爐，務使人得其平，官盡其守。唐於革命為後進，於孫黃汪宋諸黨人為新交，則事事責之於先公。袁多索名額，頗涉自大，非南中所能忍受，而南人又競求顯宦，視若酬庸，雖孫黃亦窮於應付，其事視前擬臨時政府名單為尤難，折衝進退，函電交馳，一擬數改，始勉定議，南北無違言，其間勞心敝舌，左支右絀之苦況，先公殊無以語人也。

綜革命之觀成，黨人茹數十年之艱苦，出生入死，締建共和，厥功固至偉，然辛亥以百餘日傾覆滿洲三百年之天下，顯見地方人士之效力，初不亞於黨人。所幸孫黃領袖民黨，能識大體，與地方人士推誠相見，協力相濟，眾亦翕然無私毫之成見，因以致果。然孫黃二人間固未嘗無異同也，為之部屬者，更或利其異同而抑揚之，由疑沮以生嫌怨，則肇自東京初組同盟會時，其來固已久矣。辛亥事發，黃先抵滬，開府南京，為大元帥，彌孚眾望，頗有主推任總統者。孫逌返，必得此席，其左右或不能不抑黃以示崇孫，由部屬之間言，釀同輩之歧見。先公知之，引以為隱患之尤，故凡涉機事，必約二人同至商略，且折衷其異見，汪宋亦每曲旋其間，免為袁所播弄。黃性厚重，輒自抑遜，幸迄不致僨事。其後病歿上海，唐往視疾時，猶執手謂中山負我，可以知之。

黨人赤誠革命，躬冒百險，不折不撓，毅勇信非恆流所可及；然蹈厲有餘，治術不足，亦為無可諱言之事。方孫之初謁先公也，語及民生凋敝，當有以解其倒懸者。孫即作豪語，謂今當先免全國之田賦。先公立止之曰，信是則軍政費安所出？君首歸國門，一言為萬方所矚目，慎勿輕言之。又吳敬恆一日與張謇語及刑法，忽仆地叩首，謂匪盜迫於衣食，始陷法網，應勿論死，敢為請命。張愕然至無可置答。其後議及優待清室經費，孫遽謂雖歲給一千萬何傷！先公亦止之曰：「此當付國會次議，非一二人所可定奪。」蓋孫以亡清在即，望外之喜，不期溢於言表。終亦僅定四百萬元。凡此均足見黨人之坦率豁朗，而尚不習於治道，幸多機敏服善，不致貽之禍階也。

南京臨時政府組成，先公固自矢勿預公職，而中國第一礦業漢冶萍，以舊人盛宣懷逃日本，無主持者，勢且輟業。鄂中屢電政府維護，孫黃一再請先公代表國家股份出任董事長，以商業非官職勉允之。絕續之際，摒擋零星商款，幸維冶鑪不使息火。漢冶萍產鐵，向由盛宣懷定約借日款，而以最低價格售之日本八幡鋼廠。八幡日獲厚利，漢冶萍則支柱維艱。先公固知廠務之困於日款者甚深，遂主別借款項，改定價格，另訂新約，日人深患之。廠顧問日人青木屢來見，請循舊價售鐵。又謂向日借款，易於續約。若取他國，豈有意排斥日本耶？先公答以借款為商業計，必取息廉而約束少者，茲正分訊中外各銀行，日亦可來商談，擇其便我者，次諸董事會，何蓄意堅拒之有？青木無可逞，往謁孫文，謂日必贊襄革命大業，惟漢冶萍向與日有成約，宜續不宜廢。孫意少動，以語先公。先公復曰，此商業事，應決之廠中，似不可以政治左右之，卒拒其說。然廠務拮据日甚，借款倉卒難成，董事若王存善等，多秉盛意，難期規復。次年，盛自日本返，謁先公，雖舊交而議終格格。先公直率語之曰：「此時縱惟日款可借，亦待君主之，余任內決勿舉日債矣。」遂辭董事長職。所有按月車馬費五十元，盡輸之工人醫療所。初，盛與袁世凱嘗以爭功名失歡，至是窺南中陰事反袁，則自通於民黨。既矜其理財之長，復謂雖私蓄已足浥注政府。又每斥袁異謀。孫甘其說，且歆其資，頗以為能。嘗為先公言之。先公曰：「相知素深，謂貪黷自肥者能公忠體國耶？」謝不敢信。而盛卒左右漢冶萍事，以其親家孫寶琦當其名。癸丑二次革命將舉事，民黨度財力不繼，就商之。盛謂下南京當貢二百萬元。其後討袁軍建幟南京，迄未斥一文。不旬月，事亦敗散。民黨有與先公追述之者，先公曰：「吾言驗矣！其人果足恃乎？」

遜位詔下，南京移政權於統一政府，奠定有期。於是先公復與諸君著意於南北絕續之所繫，務求匕鬯勿驚；而袁卒不肯南下。南中特遣汪兆銘、蔡元培等往迓，袁竟嗾使曹錕兵變於京師，示非坐鎮北方，不足控制。南中既已解體，孫黃亦嘆息無言。及袁就任，遣梁士詒邀先公北行，先公笑而謝之。旋聘為顧問，貽以勳章，均答以一電而已。其後，唐任國民黨推薦之北洋軍人王芝祥督直，袁勿署發命令，唐以為侵責任內閣權，憤而去職。旋袁又殺宋教仁，啟癸丑二次革命戰事，乃至洪憲稱帝！宣統復辟諸大端，凡事涉國本者，諸君子仍時至惜陰堂，就先公畫策，以非辛亥年事，不著於編。

附錄一
惜陰堂革命策源記

林熙（高伯雨）

趙叔雍先生（一九六五年七月在星洲逝世）遺作〈惜陰堂辛亥革命記〉中稱：

方辛亥八月十九日武昌新軍舉義之夕，先公適宴客市樓，座有商人甫得漢電，約述其事。先公聞之有所悟。須臾，謂有他約先引去，賓客初不之異，即逕赴電報局以密電致漢口電報局長友人朱文學詢其事。又立約滬商人之負重望者侵晨往談。……翌晨，得武昌覆電，知義師已大動，鄂督瑞澂已宵遁。因復電朱促張謇返滬，時張適去漢口也。隨往晤商會董事甬人蘇寶森，告以革命既起，滬漢商務息息相關，倘戰火燎原，兩地均不堪命……商會宜召各業會議，請滬地官商人民待以鎮靜。……其時清廷遇事輒仰外人意旨，外國公使又輒循上海領事僑商之主張為依歸。故復語蘇，當私告外商，此際應以保境護商為主，外人絕不當有所左右。倘為清廷張目，資以餉械，或藉租界之力，扼制民軍，則地方必致糜爛，吾輩在商言商，無間中外，求其事速定耳。蘇似頗得竅要，唯唯稱是。其晚來報，謂中外無異見，領事且持此入告公使。卒之公使團集議，以清廷不足有為，且疾首庚子之役，咸不主助政府，不日即分別宣告，認民軍為交戰團體，各國嚴守中立。……

先公固知商人之尚不足盡舉國之人力也，則別思所以策動各省者，自莫如各省諮議局與旅滬人士之公私交往，因展轉約各省籍友好，無論其為讚許共和與否，均來惜陰堂集商。奔走最力者，蘇人黃炎培、沈恩孚、孟森、劉垣、冷遹、雷奮；浙人褚輔成等。時張謇為諮議局長，人望所屬，函電四出，各省多聞聲相應。旅滬人士又紛函知親，轉達地方省彥，請來滬計事或遣代表來議。於是先後至者十餘省，晨夕相見於惜陰堂。卒以十七省代表之力，奠南京臨時國會之基礎，進而設置臨時政府，建立共和政體。克復河山，壯圖偉舉，何幸而出於惜陰堂斗室之間也！

自茲以降，先公以一手一足之力，日事部署。莊蘊寬時同寓寒家，間邀其舊部鈕永建、王孝縝，趙正平等來談。旋長沙黃興、番禺汪兆銘、餘杭章炳麟、桃源宋教仁、長沙章士釗、三原于右任先後至。籌事縝密，服勞勤摯，即于役南北奔走其事，若山西景耀月、直隸張繼、山東丁世嶧、雲南張耀曾等，過滬必先來陳說當地情事，徵問進止，一堂濟濟，儼具開國之規模矣。……滿人志錡為珍妃瑾妃胞弟，貴重椒房，而見惡於慈禧太后，夙主維新，與先公遊，知革命得手之誤於瑞澂也；忽自京師來電，請先公諷瑞自裁，以謝朝廷。先公固與瑞往還，所寓尤密邇惜陰堂，惟以死節豈容人勸，且方為革命事日不暇給，安得復有餘時為清廷傳達使命，即笑而置之，瑞卒令終。（按：瑞澂於民國成立後，移居上海租界，民國元年——一九一二年——七月病死，張謇於七月廿三日輓以聯云：「憂國乘除真舛午；悲公生死不逢辰。」見《張謇日記》。）

初民軍之發難於武昌也，風聲所被，舉國騰歡，人爭自效，然或忽其遠且大者。先公顧慮所及，多預為之地。聞清廷之電調海軍赴漢助戰也，先公知海軍薩鎮冰素敬事鄭孝胥，鄭與寒家望衡，過從夙密，時雖以革命棄湖南巡撫職亡歸晦隱（按：辛亥革命時，湖南巡撫乃余誠格，孝胥布政司。）先公尚囑其電薩，勿炮擊武漢，以重民命。鄭繕稿即發。……

計武漢義軍之發難也，固出同盟會涵濡之深，而各地響應，尤賴地方人士之策力，是非身預者不能洞悉。故孫文匆促歸國，不容知光復之詳也，抵滬翌日，即來惜陰堂，致詞謙摯，語先公曰：「革命大業，諸君子功定垂成，愚願幸償，猶當勉繼全力。海外消息梗滞，百不得一，請詳述之。」先公遂一一陳說滬漢情事。其後屢至，商統一建國諸要端，尤先以網羅英賢及國家財政事。……

袁世凱陰蓄異圖者已久，迨清廷以革命事急，起之洹上，初示偃蹇，終主大政，先以馮國璋師迫武漢而又忽緩兵；一示南中以有機可乘，一見指揮之長以自重，於計不為不狡。清廷強弩之末，聽之而已。至於南中，則革命成之於民意，義旗四舉，初無練卒，所謂民軍，除各地僅有之新軍改編外，多集學生子弟為之，徒立番號，昌言北伐，實不足與北洋抗衡。凡此情事，孫袁固兩知之，孫知軍事之難於倖勝而不能不作壯語，策勵干城，慰藉民望；袁知南征縱大捷，大位終不我與，故不惜假軍事之抑揚，謀進取之捷徑。於是南北兩方均處於危疑震撼之中，又即此以形成和談之一線端倪，惟終苦於形格勢禁，無可展布。孫黃固嘗躊躇至再，冀能有出奇制勝之術，越此難關完成大業者。

天下政事相敵，不出和戰兩途，袁於此徬徨失措間，亦不得不謀與南中傳遞消息也。會袁部趙秉鈞知其屬洪述祖與余家為鄉戚，且與先公稔；又知先公陰策革命事，因由洪以私函來窺意旨。先公示之孫、黃，僉曰：「今日但求覆清，以行共和，不戰而勝，奚不可為？且足補南軍之拙，惟當得其人而語之耳。」於是先公舉唐紹儀，謂其能通治體，有權識，既為袁之故舊親信，又夙厚於私交，徜得唐來，事必易與。孫黃雖不識唐，以信先公言，即加讚許。先公遂緣唐之鄉人同學上海電報局長唐元湛密達京師，與唐道款曲，請為國家戮力，南來協商大計。唐固機智，窺情事之推遷，知安危之所繫，尤重先公，甘以身許。袁知計售，私心為幸，即命馮觀望於武漢，武漢之圍，由以少解。實則武漢稍涉疏虞，南京亦失屏蔽，和固不僅利袁，抑且大有利於南中也。然袁左右無可使者，既知南中屬意於唐，終任之為議和代表。惟先公以洪雖先授關節，而其人便辟好利，必致僨事，因屬唐勿更令預聞。已而果以預殺宋教仁見法？……

其時，袁以一身總北方之全局，南中則同盟會外，地方人士，並參政事。同盟會中，孫黃以次，又不無同異之嫌，發言盈庭，多所參綜，難期制勝。先公因商之宋、章、張、湯、熊等（按：宋教仁、章炳麟、張謇、湯壽潛、熊希齡也。）組設政黨。凡國人之主張共和及統一建國者，不問其南北新舊，有無黨籍，率可入會。眾謀僉同，孫、黃、汪等亦以為然，不日遂成立統一黨。地方人士以外，同盟會人汪兆銘、宋教仁、章炳麟均列黨籍，唐紹儀旋亦來蒞。理事會中選張謇任理事長，章炳麟兼秘書長，先公兼基金監。緣是而黨人與地方人士水乳益融，事在辛亥十月間，較孫之於次年改組同盟會設國民黨為早，實為民國第一政黨，且兼容各派，共赴一鵠，直開後來政黨聯合陣線之先河，彌為國人所樂附。……

初，北方雖主和議，猶在武漢開會，先公以武漢軍事未已，堅持不可，又密告唐，非來滬開會，即罷其議。孫黃並以為然，袁卒屈允。唐當自漢口水道來滬，假寓英商卜內門經理李德立家，（李德立名E.S.Little，係紐西蘭的英國人，初到中國時做傳教士，在江西傳道，他在光緒中葉「租借」牯嶺，闢為避暑勝地。）李迎之江干，先公未往，唐倚舷頻以為問，無應之者。其夕即來惜陰堂深談，即席定以共和政體為鵠的，謂來日所議，僅斡成此局之步驟耳。翌日，先公約孫黃同來惜陰堂晤唐，孫唐同鄉里，彼此一見，以鄉音傾蓋，握手稱中山，似故交。黃為湘人，則微示禮數，稱克強先生。此後不三五日而一晤，盡掬肺腑，其有不容直率傾吐者，即先公為轉達之。唐於名分為清廷代表，一切自不能不於議席有所爭持，然陰主共和，謀之至篤，孫黃咸相敬佩，未嘗目之為敵軍代表也。

方唐之南來也，南中尚未指派代表，黎元洪以為事發於武昌，應由鄂主和議，民黨亦眾論不一，尤以唐為清廷顯宦、政學前輩，必當擇地望相符者與之抗手，久久始物色粵人曾任駐美欽差之伍廷芳任之。伍休官居滬，素不問革命事，亦不與黨人通聲氣，而陳其美一日徑投刺造訪，請出任南方議和代表，伍不識陳，卻之，陳竟長跪以求，伍感其誠，始允就任。伍居與惜陰堂不遠，後輒來晤，為先公面述者如此？……和議數開，捨雙方停戰限期以外，凡國體爭持及人民投票諸端，均無成就。袁尤遇事挑剔，以求信清廷，南中則聲勢日宏，山陝光復，而實力猶患不充。袁已熟譎言戰言和之舉足輕重也，則益上下其間，便行其私，終免唐之代表，親負和議全責，而展轉示南中，倘屬以總統之任，自當翊贊共和，締措新局。南中時正困於偏安，絀於餉械，百不得已，亦僅有先樹政體，再圖其次。至袁之異志，人所共見，則冀納之於憲法之中。因之南京臨時國會先制約法，繼以孫宣言讓賢，選袁為首任正式大總統。約法定責任內閣制，總統無施政之權，且移都南京，袁南下就職，又應以黨人為首任內閣總理，袁初勿之允，幾在惜陰堂辯論調處，終以唐紹儀加入國民黨為內閣總理，粗償南北之願，事始克諧。茲議既決，袁遂致力共和，坐遣北洋軍人紛電奏請遜位。又飭詞動隆裕太后、攝政王，清廷知大勢已去，無可挽回，終承受優待條件，於辛亥十二月二十四日，即一九一二年二月十二日下詔遜位，蕩滌五千年專政之瑕穢，計距武昌舉義，甫百有餘日耳。

……以上是趙鳳昌的兒子趙叔雍記他所見所聞，確是第一手資料，可供參考。

唐紹儀任清廷總代表，而卻又傾心共和，替民軍恫嚇滿清王朝，這是一件頗滑稽的事。唐於十一月初八日電袁內閣，請代奏議和情形，謂革命軍宗旨，在改政體為共和，如果清廷不承認，就不再會議了。以唐紹儀個人仔細觀察東南各省民情，都是主張共和的，已成為一股不可阻擋的勢力。民軍近日因為製成兩艘飛艇，又遇到孫文從外國來上海，帶有很多現款，還帶了外國的海陸軍軍官幾十人，聲勢更大，他們正計劃組織臨時政府，以為號召。又聽說中國向外洋借款都不能成功，其原因是孫文向外國遊說，教他們千萬不可答應。如果這次和議失敗，戰端再起，我們的財政就發生困難，人民更見痛苦，列強一定趁此機會瓜分中國，中國之存亡就很難說了。

唐紹儀這些話，當然是袁世凱教他這樣做的，以民軍有飛艇、外國軍事專家相助，而孫文又帶了大批金錢回來。（當時國人確有此觀念，認為孫中山在海外得到華僑幫助，一定帶了很多錢回國的。吳鐵城的回憶錄有一段說到他以江西省代表來到上海歡迎孫中山先生，孫先生在哈同花園接見各省代表。「當時一大群記者在外面客廳和總理談話，我聽見有一位記者在問：『外傳孫先生由外國帶了一大筆款回來，是嗎？』總理回答：『我沒有帶來大筆款，可是帶來了比錢還重要的東西，我只帶來了一種革命精神！』這句話我當時感動甚深，至今仍縈繞腦海。」）清廷一向媚洋崇洋，袁世凱、唐紹儀知道利用洋人便可以把滿洲親貴嚇倒的。清廷果然上當，下令袁世凱召集臨時國會，討論採取君主政體還是民主政體。據張國淦回憶說：

據徐世昌言：「唐電到後，袁約余（徐自謂）計議，認為國體共和，已是大勢所趨，但對於宮廷及頑強親貴，不能開口。若照唐電召開國民大會，可由大會提出，便可以公開討論，亦緩脈急受之一法。乃由余先密陳慶邸，得其許可，袁即往慶處計議，當約集諸親貴在慶處討論（載澤未到），決定由內閣奏請皇太后召集王公大臣會議。次早，皇太后據內閣奏召集近支王公會議，慶邸首先發言，毓朗、載澤表示不贊成，然亦說不出理由。其餘俱附慶議，於是允唐所請，當即下召集臨時國會之諭。」

唐紹儀接到召集臨時國會解決國體之諭後，於十一月初十日與伍廷芳開第三次會議，但這天十七省代表在南京選舉孫文為臨時大總統，十三日（陽曆一月一日），孫文就職，是為中華民國元年。自此以後，國體問題就不必討論，袁世凱、即進行下一步辦法，迫清帝自動退位。他首先授意提督姜桂題奏請命令親貴大臣將存在外國銀行的現款拿出來接濟軍用。清廷准如所奏，下一道上諭，叫親貴們「毀家紓難」。但各親貴響應者寥寥，只有慶親王奕劻拿出十萬，有些兩萬、三萬，載振本是主戰派，主張用大兵鎮壓到底的，只捐出五千，並且是下一年三月的期票。隆裕太后不得已，拿出西太后存在宮中的黃金八萬兩來做軍餉。這時候，在外統兵與民軍作戰的將領如馮國璋、倪嗣沖、王占元等數十人，聯名寫信給北京王公大臣，指摘他們存在外國銀行有數千萬元，而現在軍中缺乏糧餉，上個月只能發出半個月餉，軍心大受影響，如果你們這班人不把私財拿出來盡買公債，以救危急，將來不但不能保有這筆財產，而且殺身之禍，就在眼前。

這班親貴大臣見了，心裡不免害怕，怕的是有槍的武夫如果真的反起來，打入北京，就死無葬身之地了。怎知一波未平，一波又起，東三省總督趙爾巽、直隸總督陳夔龍、湖廣總督段祺瑞、熱河都統錫良、河南巡撫齊耀琳、山東巡撫胡建樞、吉林巡撫陳照常，聯名合奏清廷，略言近日各省經費已至羅掘俱窮境地，根據日本公使調查所得，各親貴存放外國銀行之款，約三千餘萬兩，並指出某人若干，某人若干。現在戰士捨身報國，效力疆埸，而竟然不能食飽，令人寒心。

他們曾電請朝廷令各親貴捐獻貲財作為軍費，如果親貴們還再遲疑，禍且不測，措詞甚為激烈。親貴因之大懼，連忙叫帳房拿出財產帳簿，送到御前請過目，只是一些田產房屋而已。其實一個王朝將要滅亡，它的親貴、大臣多數要保存自己的私財而輕視國難，過去的歷史早有記載，袁世凱也知道在他們身上搾不出什麼油來的，不過藉此以恐嚇他們，使他們精神上大受影響，以便下一步進行迫清廷讓出帝位，那時候他就可以坐上大總統的寶座了。

袁世凱此計果然有效，很多大官僚暗中把家小及金銀財寶送到天津、上海的租界，民國初年在上海做遺老的直隸總督陳夔龍更不敢後人，已派心腹家人在上海安排後路了。（在上海的遺老中，以陳夔龍的宦囊最富，他從光緒廿九年三月出任河南巡撫，至宣統三年出任直隸總督止，不過九年，便靠這筆財產，在租界享了三十七年晚福，他是一九四八年八月死的。）

十一月廿八日，袁世凱與內閣全體國會大臣聯名密奏清廷，請改為共和政體。這一本奏章，未見《大清宣統政紀實錄》，現在摘鈔若干，以見當時一般情形。

自武昌亂起，旬月之間，民軍響應，幾遍全國，惟直隸、河南未見叛離，然人心動搖，異於恆昔。臣世凱奉命督師，兩月以來，業已克復漢口、漢陽，收回山東、山西。然而戰地範圍，過為廣闊，幾於餉無可籌，兵不敷遣，度支艱難，計無所出，籌款之法，羅掘俱窮，大局岌岌，危迫已極……是以停戰媾和，特簡唐紹儀、楊士琦前往滬上，為民請命。……屢接該大臣來電稱：「民軍之意，萬眾之心，堅持共和，別無可議」等語。現期已滿，展限七日，能否就範，尚難逆料。惟論目前情形，北方一隅，雖能少保治安，而海軍盡叛，一旦所議不合，艦隊進攻，天險已無，何能悉以六鎮諸軍，防禁京津，而棄各戰地於不顧。……若激勵將士，勉強一戰，財賦省分，全數淪陷，行政經費，若如捕風，蒐討軍實，餉源何出。……然而彼眾若狂，醉心民主，兵力所能平定者土地，不能平定者人心。人心渙散，如決江河，莫之能禦，爵祿已不足以懷，刀兵亦莫知所畏，似此億萬之所趨，豈一二黨人所能煽惑。臣等受命於危急之秋，誠不料國事敗壞一至於此也。環球各國，不外君主民主兩端，民主如堯舜禪讓，乃察民心之所歸，迥非歷代亡國之可比。我朝繼繼承承，尊重帝系，然師法孔孟，以為百王之則，是民重君輕，聖賢業已垂法守。且民軍亦不欲以改民主，滅皇室之尊。況東西友邦，因此次戰禍，貿易之損失，已非淺鮮，而尚從事調停者，以我只政治之改革而已。若其久事爭持，則難免不無干涉，而民軍亦必因此對於朝廷，感情益惡。讀法蘭西革命之史，如能早順輿情，何至路易之子孫，靡有子遺也。民軍所爭者政體，而非君位，所欲者共和，而非宗社。我皇太后皇上，何忍九廟之震驚，何忍乘輿之出狩，必能俯鑒大勢，以順民心。

內閣這一密奏，簡直就是滿清統治者的催命符，隆裕皇太后讀了，不得不驚惶失措，她不止怕袁世凱要取她母子倆的性命，像法國路易之子孫「靡有孑遺」，還怕外國人因商業損失，要她賠償呢。袁世凱利用她怕外國人的心理，搬出這一套法寶來恐嚇她，她不得不就範了。

袁世凱知道隆裕太后到此時已無法施展她的權威了，便給她一個「以退為進」的奏章，說他自己奉職無狀，罪該萬死，請皇太后皇上重重治罪。隆裕怎敢降罪於他，還要一而再，再而三的封他為侯爵，不許他懇辭。又安慰他道：「你不必如此，國家大事，既然託給你去辦，你就勉為其難，就是挽回無術，我決不怪你。將來皇帝長大之後，我一定把你忠懇艱難的情形一一說給他聽。……」

這時候，孫中山已在南京做了臨時大總統，袁世凱如果要做大總統，就得加緊逼清帝退位。他一面逼隆裕，一面同南方代表密議清帝退位優待條件。他覺得自己開口，實在難於啟齒，而清廷封他為一等侯之命，接踵而至。（十二月初八日，上諭：「總理大臣袁世凱，公忠體國，懋著勤勞，自受任以來，籌劃國謨，匡襄大局，厥功尤偉，著錫封一等侯爵，以昭殊獎，毋許固辭。」但袁世凱有個大總統的寶座，擺在眼前，當然不希罕她的一等侯了。他辭了兩三次不准，又再懇奏收回成命，疏云：「我朝故事，最慎錫封，開國從龍，公侯極少，三藩之定，趙良棟、王進寶，不過子男；中興之隆，曾國藩、李鴻章始躋侯伯。……」這樣懇切陳辭，仍不獲准，結果拖來拖去，優待條件已提出，亦不了了之了。）於是授意慶親王奕劻，由他在御前會議時請清帝退位，隆裕不得不答應了。

李劍農的《最近三十年中國政治史》（一九三〇年上海太平洋書店印行）有一段說，袁世凱最初採用與革命軍妥協政策，清廷已接受了他的條件，他已擁有清室的生死權，而革命軍方面，又早已默許他為將來的總統，和議的成功，彷彿是容易的事。但是從和議的發端到清帝的退位，卻經過許多艱難波折。什麼緣故呢？就是袁與民軍方面，精神上有一個大相差異之點。在民軍方面，雖然早已默許袁為將來共和政府的總統，但是共和政府的基礎，是要建立在民權兩字上面。袁世凱雖然沒有把清室放在心裡，但是他心裡所希望的共和，是總統大權的共和。除了取得總統的地位以外，還要把共和政府的一切大權攬入總統手中，要做一個與皇帝相似的總統。因此，民軍所希望的和議結果，是由清廷將一切大權交還民國；而袁世凱所希望的，是出清帝將一切大權轉讓於他個人。有此根本相歧之點，所以和議的經過就很難了。

但袁世凱是個梟雄，最會耍手段，結果，清廷接受優待條件，答應退位。趙秉鈞在民國元年唐紹儀內閣任內務總長時，曾對魏宸組（湖北人，字注東，留學法國，南京臨時政府成立，任外交次長，民國三年任駐荷蘭公使，以後歷任比利時、德國公使，回國後，脫離政海一個時期，轉入銀行界服務，一九三六年出任駐波蘭公使。）說過一件有趣的內幕故事，魏又以告張國淦。張氏載之於《辛亥革命史料》中，今錄之以為參證。文云：

項城本其雄心，又善利用時機，武昌事起，舉朝皇皇，起用項城，授以指揮全國軍隊全權，正是大有為時機，得以償其抱負。但是項城雖重兵在握，卻力避曹孟德欺人之名，故一方面挾北方勢力與南方接洽；一方面借南方勢力，以脅制北方。在南方者，實力不夠，一般黨人，每思利用項城，以推翻清室，一時拉攏，尚有途徑可尋。惟北方以清室三百餘年之根蒂，環境惡劣，進行頗不容易。項城初意，以為南方易與，頗側重南方，及南方選舉總統後，恍然終是兩家，不願南方勢力增長，如果國民大會成立，將終為其挾持，不能擺脫。乃決計專從清室著手，首先脅迫親貴、王公，進而脅迫清帝，又進而恫嚇皇太后，並忖度其心理，誘餌之以優待條件，達到自行頒布退位，以全權組織臨時政府。如此，則袁政府係由清室遞嬗而來，而不知其結果仍是接續南京也。時勢推移，即項城亦自想不到，在項城現在，總算還就萬分，最好彼此不要相煎太急，庶可始終相安云云。魏是國民黨推崇袁者，為唐閣秘書長，故趙在談論中示意，以警惕唐及黨人，魏聽之聳然。

南北雙方正在密議優待條件，隆裕太后中了袁世凱「優待」之計，召開御前會議，自行頒布共和，親貴王公，有一部分人反對，堅持「戡亂」到底，後來因為軍諮使良弼被革命黨彭家珍炸死，這班貴族就嚇破了膽，各持明哲保身主義，不敢再反對了，但在最後一次御前會識時，隆裕太后問他們的意見如何，他們只是唯唯諾諾，不敢發表「高見」，隆裕怒形於色的說：「你們平時安享富貴尊榮，多有意見，遇到了這件大事就不作聲，無非要我一人負責罷了。」後來宣布共和是她一人作主的。

恭親王溥偉著有《讓國御前會議日記》，他死於大連之前，不知怎的為東莞人張伯楨向他取得。伯楨死後，《日記》傳在其子張江裁手上，一九五一年五月廿五日，江裁節錄其中精彩部分，刊於天津《進步日報》，其後收入《辛亥革命》第八冊中，是有關清皇室讓出大權的第一手資料，原文頗長，今摘錄如左：（按：溥偉襲封恭親王，溥心畬是他的異母弟，一九三六年死在大連。他是宗社黨的首領，但溥儀組「滿洲國」時，他並沒有去討一官半職，負氣之故也。）

……數日後，忽起用袁世凱督師。復謁醇邸，叩其因。醇邸以袁有將才，且名望亦好，故命他去。余曰：「袁世凱鷹視狼顧，久蓄逆謀，故景月汀謂其為仲達第二。初被放逐，天下快之，奈何引虎自衛？」醇王默然良久，始嚅嚅言曰：「慶王、那桐，再三力保，或者可用。」余曰：「縱難收回成命，可否用忠貞智勇之臣，以分其勢。」醇王問為誰？余曰：「叔監國三年，群臣臧否，自在洞鑒，偉不在政界，何敢謀此？」醇王曰：「都是他們的人，我何曾有爪牙心腹。」余曰：「叔代皇上行大政，中外諸臣廉能正直者，皆朝廷貞幹，又何憂孤立乎！」瞿子玖、岑春煊，袁所畏也。升吉甫，忠梗可恃，誠使瞿入內閣，岑督北洋，以升允為欽差大臣，握重兵扼上游，庶杜袁四之狡謀。」（按：瞿鴻禨字子玖，升允字吉甫。其實瞿、岑都是袁的手下敗將，丁未政潮發生，瞿被西太后逐歸田里，岑亦被免去兩廣總督之職，皆袁四玩的把戲，此時袁世凱兵權在手，此三人更非其敵手矣。溥偉雖有才氣，但少不更事，未能洞識局勢也。他最欽佩升允，故力主為乃弟心畬娶其女為室。）醇王曰：「容明日與他們商量。」余知不可諫，太息而已。……

十月中，余往探袁氏。時居外務部，晤時，禮貌之恭，應酬之切，為自來所未有。余詢以有何辦法？袁曰：「世凱受國厚恩，一定主持君主立憲。

惟南方軍力強盛，人心盡去，我處兵弱餉缺，軍械不足，奈何？」復長歎低言曰：「向使王爺秉政，次不致壞到如此。」嗟乎，余知袁氏之必叛也。歸而稟請堂上，以時局至此，後果不堪設想，擬毀家以紓國難，堂上允之。乃盡出古畫古玩，招商變價。（按：溥偉為恭親王奕訢的長孫，其本生父載瀅，為奕訢之子，其長子則載澂也。載澂死後無子，以溥偉過繼伯父。奕訢死於光緒廿四年，溥偉以嫡孫襲爵。此處所指的「堂上」，不知是載澂夫人抑載瀅夫人耳）……是年十一月二十九日內閣會議，余力疾至內閣，醇慶諸王及蒙古王均到。袁世凱以疾辭，遣趙秉鈞、梁士詒為代表。最可憤者，軍臣列坐二三刻鐘之久，惟彼此閒談，不提及國事。余不能耐，趨詰梁、趙曰：「總理大臣邀余等會議，究議何事，請總理大臣宣言之。」趙秉鈞曰：「革命黨勢甚強，各省響應，北方軍不足恃。袁總理欲設臨時政府於天津，與彼開議，或和或戰，再定辦法。」余曰：「朝廷以慰庭（按：世凱字慰庭。溥偉如此呼之，非以其有異心，實乃驕傲成性。辛丑議和時，李鴻章至北京，某次與王公親貴會議，溥偉即呼鴻章為「少荃」，鴻章面斥之曰：「往日老王爺亦稱我為李中堂也。」溥偉為之失色！「老王爺」指奕訢。）為欽差大臣，復命為總理大臣者，以其能討賊平亂耳。今朝廷在此，而復設一臨時政府於天津，豈北京政府不足恃，而天津足恃耶？且漢陽已復，正宜乘勝再痛勦，乃罷戰議和，此何理耶！」梁士詒曰：「漢陽雖勝，奈各省響應，北方無餉無械；孤危已甚。設政府於天津者，懼驚皇上也。」……時外務大臣胡惟德（按：惟德字馨吾，時任袁內閣的外務大臣。近日辭聯合國副秘書長之胡世澤即其子）曰：「此次之戰，列邦皆不願意，我若一意主戰，恐外國人責難。」余曰：「中國自有主權對內平亂，外人何能干預。且英、德、日、皆君主國，亦無強脅人君俯從亂黨之理。公既如此說，請指出是何國人，偉願當面問之。」慶邸曰：「議事不可爭執，況事體重大，我輩亦不敢決，應請旨辦理。」言訖，即起立，群臣和之遂罷……次日，醇王以電話告，以初一日開御前會議，囑余入內。十二月初一日卯正至上書房，澤公語偉曰：「昨晤馮華甫，彼謂革命黨甚不足懼，但求發餉三月，能奏功。少時你先奏知，我再詳奏。」少頃，醇王叔至，密謂偉曰：「今日之事，慶邸不願意你來，有人問時，只說你自己要來。」偉敬諾。辰刻入養心殿，皇太后西向坐，帝未御座。被召者有醇王、偉、睿王、肅王、莊王、潤貝勒、濤貝勒、朗貝勒、澤公、那王、貢王、帕王、賓圖王、博公。太后問曰：「你們看是君主好，還是共和好？」皆對曰：「臣等皆力主君主，無主張共和之理，求太后聖斷堅持，勿為所惑。」諭：「我何嘗要共和，都是奕劻同袁世凱說，革命黨太利害，我們沒槍炮，沒軍餉，萬不可能打仗。我說可否求外國人幫助，他說等奴才同外國人說說看。過二天，奕劻說：『外國人再三不肯，經奴才盡力說，他們始謂：革命黨本是好百姓，因為改良政治才用兵，如要我們幫忙，必使攝政王退位。』你們問載灃，是否這樣說？」醇王對曰：「是。」臣偉對曰：「既是奕劻這樣說，現在載灃已然退政，外國何以仍不幫忙，顯係奕劻欺罔。」那彥圖奏曰：「既是太后知道如此，求嗣後不要再信他言。」臣偉奏曰：「亂黨實不足懼，昨日馮國璋對載澤說求發餉三月，他情願破賊，問載澤有這事否？」載澤對曰：「是有。馮國璋已然打有勝仗，軍氣頗壯，求發餉派他去打仗。」諭：「現在內帑已竭，前次所發之三萬金是皇帝內庫的，我真沒有。」臣偉碰頭奏曰：「庫帑空虛，焉敢迫求？惟軍餉緊要……現在人心浮動，必須振作。既是馮國璋肯報效出力，太后將宮中金銀器皿，賞出幾件，暫充戰費。雖不足數，然而軍人感激，必能效死，……請太后聖明三思。」善耆奏曰：「恭親王所說甚是，求太后聖斷立行。」諭：「勝了固然好，要是敗了連優待條件都沒有，豈不是要亡國麼？」臣偉奏曰：「優待條件是欺人之談，不過與迎闖賊不納糧的話一樣。……即使優待條件可恃，夫以朝廷之尊，而受臣民之優待，豈不貽笑列邦，貽笑千古？太后皇上，欲求今日之尊祟，不可得也。……」諭：「就是打仗，也只馮國璋一人，焉能奏功？」……臣偉奏曰：「臣大膽，敢請太后皇上賞兵，情願殺賊報國！」顧載濤曰：「載濤你管陸軍，知道我們的兵力怎麼樣？」載濤對曰：「奴才沒有打過仗，不知道。」太后默然，良久曰：「你們先下去罷。」……載澤奏曰：「今日臣等所奏之言，請太后還後宮，千萬不可對御前太監說，因為事關重大，請太后格外謹慎。」諭：「那是自然，我當初侍奉太皇太后，是何等謹慎，你不信，可以問載濤。」善耆奏曰：「載澤所言甚是，太后從先聖孝，今日與彼時不同。」太后不語，遂皆退。按是日被召凡十四人，惟四人有言，餘皆緘口？良可慨也。越二日，醇王叔謂偉曰：「你前奏對，語太激烈，太后很不喜歡。說時事何至如此。恭親王、肅親王、那彥圖三個人愛說冒失話，你告知他們，以後不准再如此。」倖曰：「太后深居九重，不悉時局，既然不准溥偉說話，則以後之會議，是否與聞？」醇王面現極憂色。良久曰：「你別著急。」余曰：「太后既有此旨，萬無違旨說話之理，然而目睹危險，天顏咫尺之地，何忍緘默！」醇王曰：「我處嫌疑之地，也不能說話。」余曰：「五叔與溥偉不同，既是五叔為難，只好以後會議時溥偉不來也。」醇王曰：「這兩日來不知是怎樣運動，老慶依然入朝，太后意思也頗活動，奈何奈何！」越三日，遂有段祺瑞等通敵請退政之電，人心大震。翌日，聞有御前會議，不使余知，無如之何。是日，美國人李佳白來邸，諷余主張共和。以大義責之，慚而退。越日，袁世凱派趙秉鈞、胡惟德、譚學衡來，告以總理大臣之苦心，民軍之勁勇，我軍搖動，種種危機。余曰：「時事至此，余亦無法。但既忝列宗支，萬無首倡廢君退政之理，雖無政權，此時實難緘口。公等身為大臣，勸皇上降敵國尚不可，今乃勸皇上降亂民乎？」趙等愕然離去。十二日午後，君主立憲會中有隆厚田者，惶遽來告曰：『頃得密信，趙秉鈞等密請袁世凱將諸皇族盡驅入宮，以兵守禁城，俟共和告成再說。又有派遣軍隊，護衛各府，名曰保護，實監其出入之謀。袁不肯，趙秉鈞曰：「醇王庸懦，固不足慮。恭王頗有才氣請先除之。」袁大笑曰：「他不過讀幾本書，況慶、洵、濤諸人，都不喜他，他未必肯與醇王出死力，且無兵權，何必忙作這無味事，」此吾輩探得之確信也，殿下宜速籌良策。』語畢匆匆去。偉即時稟明堂上，奉慈諭，既是這樣說，不必管他真假，惟有避之為妙，汝先行，余亦二三日內赴西山矣。

從上述文字中，我們可以看出滿清朝班宗支親貴沒有一個不是胡裡胡塗、毫無作為的人物，只有溥偉和善者較為有點頭腦而已。（沃丘仲子《當代名人小傳》記溥偉有云：「幼好學，頗通文史，貌亦英秀。……既長，頗持威儀，與振、倫（指載振、溥倫）諸人異趣。後授為禁煙大臣。宣統御極，屢請開去差使，得旨報可，蓋其時灃新監國，其兩弟勢燄甚張，而劻、澤亦乘以爭權、偉殊不為下，且於諸人頗有微辭，遂不為眾所容？……辛亥冬，議讓國，獨堅持謂祖宗創業艱難，奈何讓人，數請獨對。孝定論以大勢已去，肘腋禍伏，藉此尚可保全少帝。偉痛哭固諫，后厭之，遂拒不復召入，則貨其珍玩服飾，徙家居於青島。清逸臣半居其地，故世謂偉為宗社黨首領，而亦無所規畫……」所記頗可與上文並觀。溥偉的母親同溥心畬的母親後來都移居西山戒壇寺，因為恭親王奕訢於光緒中葉捐了一筆錢修葺該寺若干建築，故寺僧設其長生祿位，奕訢的子孫隱居在此，當然為寺僧歡迎也。）

袁世凱要這幾下手段，隆裕太后只要保存她與宣統的生命財產，並享有「帝號」的尊榮，於願已足，便於宣統三年十二月廿五日，下一道退位的詔書，命袁世凱以全權創立臨時共和政府，與革命軍商統一辦法。世凱遂承皇太后懿旨，宣示中外。詔書是這樣的：

> 朕欽奉隆裕皇太后懿旨，前因民軍起事，各省響應，九夏沸騰，生靈塗炭，特命袁世凱遣員與民軍代表，討論大局，議開國會，公決政體。兩月以來，尚無確當辦法，南北睽隔，彼此相持，商輟於塗，士露於野。徒以國體一日不決，故民生一日不安。今全國人民心理，多傾向共和，南中各省，既倡議於前，北方諸將，亦主張於後，人心所嚮，天命可知。予亦何忍因一姓之尊榮，拂兆民之好惡。是用外觀大勢，內審輿情，特率皇帝將

統治權公諸全國，定為立憲共和國體，近慰海內厭亂望治之心，遠協古聖天下為公之義。袁世凱前經資政院選舉為總理大臣，當玆新舊代謝之際，宜有南北統一之方，即由袁世凱以全權組織臨時共和政府，與民軍協商統一辦法。總期人民安堵，海內乂安，仍合滿、漢、蒙、回、藏五族完全領土為一大中華民國，予與皇帝得以退處寬閒，優遊歲月，長受國民之優禮，親見郅治之告成，豈不懿歟。

此外還另有一詔，是關於優待條件的，又一詔是勸戒臣民的。根據尚秉和的《辛壬春秋》第二十六，「清室禪政記」有一段說，遜位詔將下之際，隆裕皇后率宣統帝，召見近支王公大臣及內閣總理大臣，國務大臣開御前會議，『太后哽咽流涕，各王公大臣亦皆哭失聲。久之，太后謂皇帝曰：「爾之所以得有今日者，皆袁大臣之力」，即敕皇帝降御座致謝袁大臣，袁大臣惶恐頓首奏謝，伏地泣不能仰視。』此一說法，尚未聞有人如此說過，但袁世凱便根據了清朝皇太后的懿旨，組織了民國臨時共和政府，一邊根據與南方革命黨達成的協議，由大清帝國內閣總理大臣一變而為中華民國的臨時大總統。溥儀的《我的前半生》第二章「我的童年」第一節「登極與退位」有這一句「而我呢，則作為大總統的鄰居，根據清室優待條件開始了小朝廷的生活。」

滿清王朝自順治入關，統治中國，凡二百六十八年，到十二月廿六日而亡。但這樣的亡法，比宋朝末帝、明朝末帝舒服得多，胡元與滿清都要把宋室、明室的子孫殺盡，為斬草除根之計。但民國政府和革命黨都沒有加害於溥儀及皇室中任何人，一直優容「宣統皇帝」在紫禁城中稱孤道寡者十三年，不可謂非優待了。

辛亥十二月廿六日，袁世凱通電聲明贊成共和，同日，孫中山向參議院辭職，薦袁世凱為臨時大總統。廿八日，參議院選舉袁世凱為臨時大總統，建設中華民國統一政府。十二月三十日，令內外文武百官改用陽曆，以壬子年正月初一日為民國元年二月十八日。從此中國的歷史又翻開新的一頁了。

附錄二

趙鳳昌（竹君）趙叔雍父子傳奇故事

過雨青

病魔鬥藥事何如？萬苦千辛備一茹！
夜擁重衾猶觳觫，晨看疏雨待朝蘇。
危時擲命尋常事，垂老珍生是至愚。
大好頭顱吾付汝，此中頗有未完書。

這是趙叔雍先生最後的一首詩。其女公子文漪女士註云：「先父病篤時曾欲捐眼睛頭顱贈醫院，時家人無在側者，為朋輩所阻。此為當時口占友人代書之絕筆詩，足見先父偉大之人格與豁達之天性。」筆者讀來，具有同感，然其所抱沉痛亦可於此中體味得之。至於「未完書」云云，所指諒為其蓄意想寫的詞學源流等書而言。

楊杏佛遇害投入汪政權

叔雍名尊嶽，又號珍重閣，江蘇武進人，上海南洋公學出身，為名詞人況夔笙先生的高足，任職於申報館多年，初為駐京（北京）記者，後調任總管理處秘書。

他於政治向乏興趣，抗戰以前，僅於孫科出長行政院時，以葉恭綽任鐵道部長之故，一度擔任該部參事，為時極短。抗戰後，他的態度忽起變化，先後參加「維新政府」與「汪政權」，似是官癮陡發，判若兩人，論者疑之。然而知人甚難，論世，不易。談到此節，我們不能忘懷民廿二年其姊丈楊杏佛在滬遇害一事。為叢驅雀，此或為其伏因。而梁（鴻志）汪（精衛）主領風騷，文酒詩筒，早結為吟友。此時他以不忿之心，誤託知己，貿然袍笏登場，致貽終生之玷，其事雖無可恕，其情容當別論，則其態度陡變，似又與一般有所不同了。

這十六年來，叔雍寄跡香港，執鞭餬口，初於香港文商專科學校任教，原可粗安。繼以去國不遠，塵埃溷人，乃走星洲，接受馬來亞大學之聘，為文科教授。今年起，為教職超齡規例所限，改主《星洲日報》筆政。老去頹唐，客中寂寞，猶須嘔心與粉筆毛錐為緣。何以解憂，唯有杜康，因得黃疸病，延醫已遲，以致終於不起，時在上月三日。

去年，他在割治十二指腸炎時，其女子文漪飛星省視，適齊如山先生在臺病故，他曾寫了一首輓詩，以示文漪，題曰：「得如山大隱之耗，旬日始奉遺書，益增涕淚，題詩誌輓。」詩云：

驗封滴滴墨痕新，雪涕天涯已古人。
著作平生戡偽體，多能一藝重斯文。
舊遊深巷投門客，細字潛聲去國身，
知更誰能倡絕學，不堪滄海幾揚塵。

以斯文骨肉之情，寫朋舊凋零之感，既傷逝者，行亦自念，其愴痛可知。今年他在臥病中，其女公子又飛星省視，則因病情變化過速，父女間竟不能作最後一晤。故於此詩之尾，其女公子又註云：「先父與齊如山先生交誼深篤。去年十月，漪去星洲，先父指案上齊先生來書曰，此信得於齊先生棄世後十日，言訖悲不自勝。齊先生享大年而受子女奉養，勝於家父垂老投荒未獲甘旨之奉者多矣。」其言悽斷，大有木欲養而風不寧之憾。這是什麼風呢？直把多少人吹得子散妻離、人亡家破。

是詞學名家、梅黨健將

叔雍生平，朱省齋先生寫得最好。他說：「珍重閣（為）詞學名家，梅黨健將，宦遊南北，三十餘載，上自光宣遺老，下迄當代鉅公，無不親灸交遊，文酒往還，因能熟悉掌故，言之有物……文筆綺麗，一時無兩，深為讀者所讚嘆云。」

為了充實朱先生所說的「詞學名家」，特將叔雍遺著，摘錄數闋。

〈念奴嬌〉（湖上有卜築之謀屬顧鶴益圖之題此解為息壤）

卜居何日？指幼輿一壑，倪迂尺幅。難得有情天寸碧，大好湖山相屬。老柳垂隄，高梧夾道，畫罨菴愚公谷。水雲深處，臥遊如此清福！還記暫泊遊蹤，單衣雙槳，雲淨天如玉。鶯燕近人知地勝，常伴花陰行宿。料得明年，梨桃有館，想望酬心目。松風一枕，夢回時聽飛瀑。

（其女公子文漪註云：此闋係先君少時作。時先祖置地於西湖濱，擬築別墅，已畫圖則而未果築。不料數十年後垂老投荒，心目未酬，遠葬異域。每讀此首，感嘆何似！）

〈浣溪沙〉

蝶戀蜂僝兩不勝，窗窺戶罥幾逡巡，游絲縷縷太關情。昨日尋盟盟碧海，他年有夢夢傾城，相思樹下數殘鐙。

鵑血斑斑點玉簪，帕雁封淚贉哀吟，縱無風雨亦春深。萬劫沾泥終不悔，千秋密誓待重尋，昨宵圓月照銜心。

又〈南洲試筆戊戌臘日〉詩云：

平生輕作客，垂老悵無家。
十載更千劫，重溟泛一槎。
故園書帶草，別館玉梅花。
歷歷懸心目，停雲未易遮。

為了充實朱先生所說的「熟悉掌故，言之有物」，茲又舉一例。多年前，本港某報副刊載有賽金花情書不知出誰手筆的疑案。他投函該報云：

日昨貴刊載有賽金花情書，編者以不知出於誰手為言。按是書蓋一代詞宗況蕙風先生所作，亦即撰楹帖以贈金花懸諸繡闥者也。蕙風先生長於文學，尤工詞，所著《蕙風詩話》五卷、詞二卷，夙為同輩所欽倒，後學所師承，朱彊邨鄭叔同兩公亦敬而事之。詞名一盛，其論文駢文金石之學，乃為所掩，實則端方之陶齋藏石記藏畫記，多半出先生手，與李葆恂同輯成書者也。遜國以後，窮臥海濱，百無聊賴，每與朱彊邨冒鶴亭相往還。鶴亭昵金花，暇則趨顧，朱況亦同行，傳觴刻燭，以為韻事，其楹帖即況撰朱書者。既而鶴亭長甌榷，去之永嘉，況尚至金花處；適值金花有所需，語蕙風曰，不知冒大人尚復見憶否？蕙風謂：鶴亭多情人，寧復相負，特遠去不相知耳。金花曰：妾且函冒大人，惜不能書，為之奈何？於是蕙風曰，其余當任之，明日便當攜來，金花斂衽以謝。翌日，遂撰書示之金花，金花不解文，諾諾稱是，即付之驛人，兼旬果得鶴亭餽兩百金。蕙風再往，即稱謝不置，設酒饌款之，蕙風素不飲，微醺而已。茲事且逾三十年，金花蕙風墓樹垂拱，獨鶴亭翁尚健在（筆者註：鶴亭翁現已故世），客上海，治詞學，考古物，年登大耄，神明不衰。倘讀斯篇，當有不勝迴首之感。蘇子瞻贈張三影詩：詩人老去鶯鶯在，公子歸來燕燕忙。張時八十，當與鶴亭翁同其悵惘耶！僕接席清芬，深悉此事，願為一言作毛箋與鄭註，以傳當日之雅故也。

至謂其為「梅黨健將」，則當年他為梅蘭芳寫起居注，以珍重閣筆名載於《申報》，按日一篇，歷久不斷，確為梅大爺不侵不叛之臣。據說近年他在星洲，不時還寫梨園掌故，事如春夢，諒又是一番心境了。

從錢莊學徒到總督文案

叔雍為名父之子，他的尊人即為趙竹君先生。竹君、名鳳昌，從市井出身做到張文襄（之洞）的文案，因而參預庚子拳禍中東南自保公約的大機密；又以海上寓公促成中華民國的建立，當時隆裕太后的退位詔書即脫稿於其所居的惜陰堂。抱負不凡，膽識復巨，自屬非常之才，更富傳奇之性。

劉厚生先生所著的《張謇傳記》中，曾提到他的履歷，茲錄如下：「趙鳳昌這個人很是奇怪……幼年失學，在某錢莊做學徒，常常到一個姓朱的家裡送銀錢。那時他年紀不到二十歲，又極機警，因為家貧之故，私自挪用了錢莊之款，被經理停職。他就向那姓朱的訴苦。姓朱的很有錢，就向他說：『看你人很聰明，你最好還是讀書，可望上進。』鳳昌說：『我讀不起書了，還是請你薦一件事情吧！你家店鋪很多，我只想你薦我到鋪子裡當一個小伙計。』姓朱的說：『你不是當伙計的人，你既不願讀書，我索性多送你幾個錢，你去捐一個小官，到省候補，一定可以出頭。』於是姓朱的不由分說，替他捐一個縣丞，並送了他旅費，分發到廣州。混了幾年，後來張之洞做兩廣總督，就很賞識他，讓他做總督衙門文案，參預一切機密。後又隨之洞到湖廣總督任內，格外親信，……不免引用同鄉很多。有一年，大理寺卿徐致祥奏參張之洞一摺，牽涉到趙鳳昌的名字。清廷交劉坤一查辦，劉坤一查辦摺內，說得張之洞樣樣都好，不過為顧全京官奏參的人面子起見，說趙鳳昌不免有攬權招搖情節，將趙鳳昌革職，永不敘用。張之洞覺得很不過意，就向盛宣懷討了一個武昌電報局掛名差使給予鳳昌作為生活之費，而派他住在上海，辦理通訊運輸諸務。」

按之鳳昌分發廣州後，先在布政使姚覲元處任記室，後入粵督曾國荃幕府。及張之洞代曾調鄂，鳳昌便蟬聯下來，朝夕相處，誠信日孚，遂深為之洞所倚畀，因此當時流傳這麼一副對聯：

兩湖總督張之洞，
一品夫人趙竹君。

就此可知，他因得主過專，以致遭忌倍重，受譴黜職，自為應有的結局了。他住上海，之洞既仍委其承辦通訊運輸諸務，故兩湖所派武備學生如蔣作賓何成濬等赴日留學陸軍，均由他照料行旅。但又因此被目為之洞派駐上海的坐探，勾通關節，以廣耳目，這也許是有可能的。

東南自保公約幾個要角

庚子拳匪之亂，西太后宣戰上諭，通電各省時，鳳昌已是革職人員。其如何參預東南自保公約的機密，劉厚生先生亦有說明。

他說：「（當時）在上海有 位李鴻章部下老辦洋務的盛宣懷……與外人接

觸很多，尤其是英國人。……忽然得到北京政府宣戰上諭，當然覺得手足無措，連忙與他幕府何嗣焜商量。嗣焜說：『這事關係重大，你的權力無法施展，只有把李鴻章劉坤一張之洞三個人拉在一起方有辦法。但是，他們三個人平素的意見很不一致……拉在一起很不容易。……你住上海，有著很好的地位，現在北京已處於無政府的狀態中，而各國公使又被困在北京，不能自由通訊。假如你運用能力，把李劉張拉到一起之後，上海可能作為外交之中心。』宣懷聽了，很以為然，就談到怎樣把三人拉攏的方法，嗣焜便舉出兩個人來，一個是張謇，一個是趙鳳昌。他說：『可請張謇說服劉坤一，趙鳳昌說服張之洞。』

「……宣懷極端贊成……談話完畢後，由嗣焜以急電至南通，促張謇速來上海……。張謇次日到滬，由嗣焜邀集張謇趙鳳昌與宣懷會談。宣懷即取出李鴻章來電報告大意說：『那拉氏電報是亂命，不能有效。』電中並囑宣懷設法探詢劉坤一張之洞意旨，希望能一致行動云云。」

這一次會談中尚未談到具體辦法。其很經張謇等多次商酌，始定東南自保公約的方案。張謇自撰年譜庚子年記事中一節云：「與眉孫（何嗣焜）愛蒼（沈瑜慶）蟄先（湯壽潛）伯嚴（陳三立）施理卿（炳燮）議，合劉張二督保衛東南。

余詣劉陳說後，其幕客有沮者，劉猶豫，復引余問：『兩宮將幸西北，西北與東南孰重？』余曰：『無西北不足以存東南，為其名不足以存也；無東南，不足以存西北，為其實不足以存也。』劉蹶然曰：『吾決矣。』告某客曰：『頭是姓劉物。』即定議。電鄂約張，張應。」

此為張謇從創議到說服劉坤一的經過，那麼趙鳳昌對於張之洞是如何活動的呢？我們又可從劉著《張謇傳記》中得到一個梗概。他是這樣寫的：「鳳昌與武昌總督衙門可直接發出不費一錢的一等密電。自從義和團事件發生後，每天與武昌在來的電報很多，大都是鳳昌報告外人對於此事件的消息與國際的情勢。有一天……（何嗣焜）告訴鳳昌說，宣懷與之洞每天都通電。但是李張合作及保衛東南之事，不便由宣懷建議，實際上，宣懷亦不便出面，要請從中設法云云。鳳昌一諾無辭，過了兩天鳳昌答訪嗣焜，言已得之洞自己覆電，電文大惜言：『即派辜鴻銘到上海辦理此事，請兄帶鴻銘的忙……』等語。鳳昌把電報原文給何嗣焜看了之後，就把眉頭一皺，向嗣焜說：『老師不派別人來，單單派這位辜先生，真要麻煩死我了！』

使人頭痛的辜鴻銘先生

「……果不其然，這位辜先生到上海之後，見面必先罵外國人如何不應該欺侮中國人，再罵教堂，罵教士，再罵什麼變法的事；可是他也沒有稱讚義和團好，他只說，這是外國人壓迫出來的。他第一次見了英國總領事，與他談了一個鐘頭。聽他說得滔滔不絕，這位英國人耐心實在好，等他說完之後，再約他第二天談話，他又說出一套議論，等到他說完，又是一個鐘頭了。英國總領事再也耐不得了，就說：『我與辜先生兩次見面，沒有談到正文，你說英國如何不好，英國教士如何不好，中國教民如何不好，這都是過去之事。我們現在所商量的是善後之事，希望下一次見面時，你先生把張總督的意見，多多見示。』這位辜鴻銘方才說：「只要你承認我的說話有理，我們下次見面，就可以彼此商量善後的辦法了。」』

「其實真正的辦法，在劉坤一方面早已由張謇與之商定；在張之洞一方面亦已由趙鳳昌與之商妥。之洞當初頗遲疑不決，遂由張謇沈瑜慶等公請沈曾植到武昌向之洞面陳。並經鳳昌電稱：『李鴻章劉坤一在原則上已完全同意，而英國的上海總領事亦由盛宣懷幾次接洽，只希望武昌方面出而主持云云。』之洞得到此電後，知道既有李劉合作，諒來有危險，但他出自清流，自命不凡……所以要派辜鴻銘來，先見英總領事，表示我張之洞是主動……決不是俯就英國人的。這種情形，盛宣懷老於官場，善於揣摩；而英國老獪，專講事實，只要不損害大英帝國的利益，在口頭上讓人佔些上風，更無所謂。於是這保衛東南之約居然成立。」

按庚子拳匪之亂，八國聯軍進佔京津，兩宮蒙塵，就中法德兩國軍隊猶不罷休，法軍到保定後續向正定獲鹿而行，德軍亦進抵張家口；彼此揚言，均以攻擊太原為其目標，意在攫取山西煤田。華北情形，益見震盪。其在東南方面，英國勢力最大，早將長江流域劃為勢力範圍，並欲囊括沿海各省商務。此時駐滬英國總領事已尤其政府授權，關於保護英籍僑商教士的行動，可以全權處理。其將借此為名，將軍艦駛入長江，派兵登陸，佔領各他，固為勢所必至。使非東南互保公約及時訂立，否定那拉氏對外宣戰的上諭，以自脫於漩渦；又明白擔承保護外僑的責任，於約中規定英國不再派兵，以杜絕其藉口；則全國糜爛，將為不能避免之事。

發難於黨人收功於策士

如前所說，趙鳳昌以賓東相得之雅，拉攏張之洞，加盟公約，使東南得以偏安，雖未能如張謇之創議、進言，獨當艱鉅，而合尖之功，固亦賴此一簣。其間尚有不可忽略者，即盛宣懷以老辦洋務的經驗，揣摩迎合，取得英領對於東南互保公約的同意，似亦不容以其向為巧宦而加以抹煞。

自是而後，那拉氏似已回過頭來，有意推行新政，實則空言延宕，控制益嚴，親貴用事，賄賂公行，民怨倍深，外患愈亟。一般士大夫階級始瞭然於統治者之不可救藥，縱使實現君主立憲政體，亦於大局無補，從而打破名教之防，同情於革命救國的理論。鳳昌在思想上的轉變當亦如是。

劉厚生先生在所著《張謇傳記》中，談到辛亥革命經過，曾目趙鳳昌為中華民國的產婆，其詞雖謔，其事則實。我們必須明瞭，當時義旗高舉，誠發難於黨人，而神器轉移，實收功於策士。南陽路上（上海舊公共租界），「惜陰堂」

中，鳳昌以主人身分，延納賢豪，參議密勿，確能以其澹泊之懷，勉盡斡旋之任。

十七省代表集議惜陰堂

是年八月十九日（公元一九一一年十月十日）武昌新軍起義之夕，鳳昌適在市樓宴客。座中有一商人剛接漢口來電，約略提到此事。他是有心人，稍待片刻，便告罪離席，先行引退，轉往電報局，以密電致漢口電報局長友人朱文學詢問詳情。其意以為事果屬實，上海據長江下游，人力物力，匯合於此，又繫萬國觀瞻，如能發動聲援，其效用是一定的。

次晨，鳳昌接覆，知新軍確已發動，鄂督瑞澂且已宵遁，因復電朱氏轉促張謇返滬，因其時張氏適去漢口之故。隨往商會，晤董事蘇寶森（寧波人），告以革命既起，上海漢口兩地商務，息息相關。如今之計，商會急宜召開各業會議，請滬地官商人民持以鎮靜，並電達兩江總督張人駿固境自保，萬勿輕預上游之事。又上海有英法租界，萬一牽涉，貽害更大，應再由商會約同西商開會，詳說民情，使能達之領事，上聞公使。此在鳳昌之意，是因深知蘇寶森、虞洽卿等志大才疏，故僅先以安堵地方為詞，骨子裡則為布達民情，冀能阻止江督發兵援鄂，外國袒護清廷，使武漢方面不致過受壓迫，得一坐大的機會。及晚，蘇、虞回報，謂中外均無異見，外人既疾首於庚子之役，又知清廷不足有為，其將嚴守中立，承認民軍為交戰團體，大有可能。

鳳昌復以發動一地商人，剪除清廷羽翼，效用尚不夠大。如別籌方策，鼓動各省，以期眾志成城，自莫如利用各省諮議局與旅滬人士之公私交往，可使力量易於集中，因展轉分約各省籍友好，無論其為讚許共和與否，均來惜陰堂共商國是。此中奔走最力者有沈恩孚、孟森、劉垣、褚輔成、冷遹、雷奮等人。其時張謇已由漢口返滬，以江蘇省諮議局長的地位，函電四出。人望所歸，各省自益聞聲相應。於是先後抵滬者有十餘省之多，即在惜陰堂中相與計議。此後以十七省代表之力，奠定南京臨時參議院的鎡基，建立共和政體，進而設置臨時政府，推舉孫文為臨時總統，推源溯本，固不妨謂此為其胚胎。

共和非改姓易幟非降臣

爾後鳳昌益以一手一足之烈，日事部署。黃興、汪兆銘、章炳麟、宋教仁、章士釗、于右任等均先後至。而山西景耀月、直隸張繼、山東丁世繹、雲南張耀曾等，亦於過滬之便，訴說當地情事。又莊蘊寬適借惜陰堂以供下榻，間邀其舊部鈕永建、王孝縝、趙正平等來談。一堂之中，人才濟濟。徵問廣泛，關節益通。是時黨人陳其美率部進攻製造局，不勝被俘，事態危亟。會製造局會辦滬人李鍾珏為鳳昌至交，卒因士紳之力，得脫於厄。上海光復，陳為滬軍都督，李為上海民政長，知革命計議多在惜陰堂，亦來與會。湯壽潛時長浙江鐵路局，來往滬杭。鳳昌將他堅留下來，參預機要，因而介識浙江光復黨人陶成章。

鳳昌與時彥排日商討當前局勢，鑒於清廷起用袁世凱為內閣總理，北軍南下，其勢甚銳，民軍實力無幾，各地新軍亦難策效，非謀各地響應，不易圖功。於是又促各省代表分別導致當地紳商，集合群力迫使長吏易幟。江蘇巡撫程德全之宣告獨立，稱江蘇都督，即由於此。然外省疆吏，猶或惑於君臣名分的謬說，首尾兩端，當由郵傳部侍郎上海南洋公學校長唐文治撰〈共和國體論〉，引證經義，謂共和非改姓，易幟非降臣，以資解喻。其時孫中山已怱促歸國，深知軍事難於倖勝，但又不能不作豪語以資策勵。反之。袁世凱則明知南征可獲大捷，但又虞其所蓄異圖未必便能達成，各懷鬼胎，陷於僵局。也許是天命有在吧，正當危疑震撼之中，忽現和談一線之望。

唐紹儀伍廷芳代表談和

先是袁部趙秉鈞知其椽屬洪述祖與鳳昌原有戚誼，又知鳳昌陰策革命，因囑洪以私函來窺意旨。鳳昌接信後即將原函轉示孫黃兩人，以覘意向。孫黃披閱一過，認為今日之事，但求推翻清廷，建立共和政體，如果不戰而勝，足補民軍之拙，談和未嘗不可。最要緊的，只是談和的人，須夠分量，才能擔當大事而已。鳳昌既悉其怡，因以唐紹儀為言。謂其能通治體，有權識，既為袁的親信，亦為本人的友好，倘得唐來，事必易與。孫黃雖不識唐，以信任鳳昌之故，即加讚許。鳳昌乃密託唐的同鄉同學上海電報局長唐元湛先通款曲，請為國家效力。

唐固機警，而袁亦知計售，當令馮國璋頓兵不前，少解武漢之圍，一面委任唐紹儀為議和代表，即定武漢為開會地點。孫黃以軍事區域，不宜談和，非來上海集議，即作罷論，去電反對。袁卒屈允，唐因由漢口水道來滬，假寓於英商卜內門經理李德立家。

當唐抵滬時，李在輪埠接船，鳳昌未往。唐倚舷巡視，不見鳳昌蹤跡，當夕即去惜陰堂深談，預定以建立共和政體為唯一原則，來日所議，僅為斡旋此局的步驟。次日，鳳昌約孫黃同來惜陰堂與唐相見。孫唐為同鄉，一見即以鄉音接談。唐且逕稱中山，表示親熱。於黃則以其為湖南人，未敢失禮，稱為克強先生，此後不三五日便作一次晤會，彼此頗能相見以誠。其間不便直率傾吐的話，則由鳳昌轉達。因此唐在名分上雖為清廷代表，於議席上不能不有所爭持，實則陰主共和，已成定局，故孫黃於唐自始即不以敵方代表相待。

黎元洪初以事發於武昌，應由鄂主和議，嗣見孫黃反對，必須在滬開會，而民黨眾論不一，遂亦放棄其所主張。唐初抵滬時，孫黃尚未派定代表，又以唐為清廷顯宦，政學前輩，須覓聲望相埒者與之抗手，一時頗難選擇。屢經物色，始獲粵籍曾任駐美欽差的伍廷芳。其實伍氏向來不問革命事，亦不與黨人通聲氣，出任代表，是由陳其美力請而來。事後伍曾告訴鳳昌，一日陳其美逕向伍寓，投刺造訪，請其出任南方議和代表。伍不識陳，再三婉卻，陳竟跪地懇求。伍感其誠，始允就任。及假英租界市政廳開會，伍忽念及代表尚無證書，於法不合，當由鳳昌代為轉促繕發，次日持赴會場，始能集議。伍嘗就李鴻章幕府，又曾在北洋為官，與唐原是熟識的。

中山讓賢老袁得遂大欲

和議既開，進展甚緩，此因言戰言和，袁氏已熟籌其舉足重輕，為使篡國陰謀，輾轉曲達，於是有意挑剔，遇事阻撓，致除雙方停戰限期以外，迄無成就。終則猜疑唐氏，傾向南方，免其代表職務，親負和議全責，而於暗示之中，以取得總統大位為其翊贊共和的交換條件。維時山陝相繼光復，南方聲勢日宏，所苦實力未充，餉械仍絀，為了遷就現實，百不得已，計唯先樹政體，再圖其他，因由中山宣言讓賢，並向參議院推薦選舉袁世凱為臨時大總統，以饜其欲。一面於參議院所制約法中，規定責任內閣制，總理及閣員須經該院投票同意。此外又明訂移都南京，袁須南下就職，其作用為假手憲法的束縛，以阻遏其當選後的野心。袁氏初時不肯應允，嗣經時彥在惜陰堂辯論調處，以唐紹儀加入國民黨為內閣總理作為緩衝，才算解決了表面上的癥結。於是袁氏以逼宮的姿態，嗾使北洋軍人紛電奉請遜位，又以危詞要挾隆裕太后及攝政王。清廷知大勢已去，乃允交出統治權而接受優待條件。

劉厚生先生的《張謇傳記》中有云：「據我所知，在雙方討論袁世凱接任臨時總統之第一任內閣時，同盟會堅持內閣總理必須提出同盟會會員。總理通過之後，再由總理提出閣員全體名單，請參議員投票。在討論此問題時，趙鳳昌亦列席旁聽。鳳昌是官僚出身，最能揣摩各人心理…便開口說：『我是以地主的資格列席旁聽的人，不應有什麼主張。但現在對內閣問題，我有一個意見，可以貢獻備諸君參考。我認為新總統的第一任內閣，是新舊總統交替的一個橋樑，所以這國務總理必須是孫文袁世凱兩位新舊總統公同信任的人物。我以為只有少川先生最為適當，只要孫黃兩先生不反對，我很想勸少川先生加入同盟會為會員，這就是雙方兼顧的辦法。』鳳昌這話剛說完，孫文黃興同時拍掌，表示歡迎紹儀入黨，同時即決定請紹儀為國務總理，此問題就這樣圓滿解次了。」

張狀元代擬「遜位詔書」

至此，建國工作，多已逐步開展，剩下來的最大事件，即為等待清廷頒發遜位詔書。遲之許久，迄未可得，以致有人懷疑事或中變。一日，鳳昌忽有所悟，向張謇說：「明詔未頒，也許北京沒有一位大手筆吧，公本狀頭，名齊燕許，何不試擬一下。」張初笑謝，以為不可。終則著筆，就鳳昌案頭八行橫箋，不具首尾，書數百字。其原稿云：

朕欽奉隆裕皇太后懿旨：前因民軍起事，各省響應，九夏沸騰，生靈塗炭，特命袁世凱遣員與民軍代表討論大局，議開國會，公決政體。兩月以來，尚無確當辦法。南北睽隔，彼此相持，商輟於途，士露於野，徒以國體一日不決，故民生一日不安。今全國人民心理，多傾向共和，南中各省，既倡議於前，北方諸將，亦主張於後。人心所嚮，天命可知。予亦何忍因一姓之尊榮，拂萬民之好惡。是用外觀大勢，內審輿情，特率皇帝將統治權公諸全國，定為共和立憲國體。近慰海內厭亂望治之心，遠協古座天下為公之義。袁世凱前經資政院選舉為總理大臣，當茲新舊代謝之際，宜有南北統一之方。即由袁世凱與民軍協商統一辦法。總期人民安堵，海內乂安，仍合滿漢蒙回藏五族完全領土，為一大中華民國。予與皇帝得以退處寬閒，優遊歲月，長受國民之優禮，親見郅治之告成。

文甚樸雅，當即亟電北京。不出所料，北方前擬數詔，均不中體。袁氏得之大事稱許，一字不易，但於「即由袁世凱」下增加「以全權組織臨時共和政府」句。又以原稿結尾，語氣似不完整，增加「豈不懿歟」一句虛語，俾能顯其雍容，神理具足。而分際輕重，則又恰到好處。詔下之日，陳其美適去惜陰堂，逐句朗誦。似乎他也懂得，讀到「商輟於途，士露於野」，「人心所嚮，天命可知」等句，居然搖頭幌腦，嘆息了好幾次。

綜上以觀，同盟會黨人經歷數十年的艱苦，出生入死，締造共和，厥功固屬偉大。然而以百餘日的工夫，傾覆滿洲三百年的天下，顯見地方人士，效力亦不亞於黨人。所幸孫黃兩領袖，識大體、納雅言，與地方人士協力相濟，因以致果。當中山初與鳳昌晤面時，談到民生凋敝，如何改善問題。孫語甚豪，謂應先免全國田賦。鳳昌立加阻止，語以：「果如所言，軍政費將從何出？君今所處，萬方矚目，發言似須慎重。」又吳敬恒一日與張謇談及刑法問題，忽仆地叩首，謂匪盜迫於飢寒，始陷法網，應勿論死。張大錯愕，幾至無語置答。後來談到優待清室經費，中山鑒於清廷覆亡，僅爭旦夕，大喜過望，又作豪語，遽說：「每年即給千萬亦無不可。」鳳昌又加阻止，語以「此事應由國會表決，非一二人所能作主。」凡此，可見當時黨人多未習於治道，所不可及者，為其坦率豁朗，開誠服善，故終成其大功。

鳳昌逝世於辛亥革命二十七年之後，劉厚生先生撰文以祭，內有數語：「南陽路北，有樓三楹，先生所居，顏曰惜陰。惜陰齋舍，滿坐賓朋，呱呱民國，於茲誕生。」蓋紀實也。

附錄三

「一品夫人」及其他
——由〈趙竹君趙叔雍父子傳奇故事〉一文引起的商榷

秦仲龢（高伯雨）

過雨青先生的〈趙竹君趙叔雍父子傳奇故事〉一文，讀之極趣，不過關於當日流傳誚之洞鳳昌一聯，「兩湖總督張之洞」云云，則「兩湖」二字，似乎尚可商榷，因為我所知的是：「兩廣總督張之洞；一品夫人趙鳳昌」也。清代中葉以後，無兩湖總督名稱，總督轄湖南、湖北二省者稱湖廣總督，而非兩湖總督。「湖廣總督張之洞」，有其官銜，若「兩湖總督張之洞」，則之洞一生從未做過兩湖總督。至於「一品夫人」之稱，也是有來歷的。趙鳳昌此人雖非讀書人出身，但博聞強記，之洞居之於私室之後，以便於隨時諮詢，人們戲呼鳳昌為「一品夫人」，言其與之洞出入寢處必共也。以雄者而雌之，嫉之亦輕之也。

過雨青先生文中又云：「按之鳳昌分發廣州後，先在布政使姚覲元處任記室，後入粵督曾國荃幕府。及張之洞代曾調鄂，鳳昌便蟬聯下來……」云云。按曾國荃一生未做過湖廣總督，光緒八年四月十四日，清廷命曾國荃署兩廣總督，九年六月召京，張樹聲由直督回任（因李鴻章丁憂，張樹聲往署理），十年四月，之洞以山西巡撫署粵督，是之洞接樹聲，而非接曾國荃，且「之洞代曾調鄂」之語，似殊欠分曉。茲為考訂如上。

附錄四
名士風流趙叔雍

朱子家

詞人珍重閣主趙叔雍，於本年七月三日捐館星洲，余於其逝世後之七日，始得聞其噩耗。至同月二十三日三虞之期，其家人在港設奠於跑馬地正覺蓮社，始得躬往一弔。余謬附於其交遊之末，其間共遊宴、同患難者，前後垂四十年，雖未敢謂有惺惺相惜之情，而實有其臭味相投之處。此日空對遺影，棖觸萬端，窗外正風雨狂作，天墨如晦，乃益覺景像凄其！

叔雍於去歲曾一度渡假來港，杯酒言歡，又屢共晨夕。自謂「寄跡南荒，索居苦寂，徒以飢驅，臨老作嫁，出歲亟欲為歸港之計，將終老是鄉矣！」言下且為之慨然也。蓋叔雍時方任教於馬來亞大學，格於規例，將告退休，而仍戚戚於未來枝棲之道。其長女公子文漪，孝養有素，而叔雍殊不甘於坐食。當其逝世前一月，猶承貽書道念，並媵一詩，緬懷當年，不無感慨。不意未一月，而宿疾復作，遽歸道山，香江小聚，永隔人天，故舊凋零，誠不知涕淚之何從也。

余於叔雍之喪，固為舊友悲，亦覺海外宿儒，又弱一個，如叔雍之淵博，試問當代尚有幾人？故於其逝世之頃，即欲為文以悼之，而自維雅不擅諛墓之作，至擱筆者屢。過雨青先生曾在《春秋》記其賢喬梓遺事，而獨於叔雍生平，著墨無多。茲以《春秋》覓得其遺著多篇，將次第刊出，自恃故交，不辭貂續，為文先介於讀者，亦稍以誌我黃壚腹痛之情也。

可當一代詞宗而無愧

世俗為一個逝者寫悼念的文字，不問為行述、為哀啟、為墓誌，甚至為傳記，必也刻意諛頌，諱其小節，筆下乃都成為千古完人，尤其是逝者遺屬的心理為然。這雖是我國淳厚的風俗，但畢竟轉失了真正悼念的意義。世間又那得真有完人？連孔子也不過是聖中的時者而已。但是我對於叔雍，離其撒手塵寰已五閱月，而仍耿耿不能去於懷者，因為我無限敬佩他文學上的成就，我更無限悼念他那種玩世不恭而又無處不流露出是一個性情中人的那一種風格。

說叔雍是詞人，其實是不夠的，在國學浸衰的今日，可當一代詞宗而無愧。他親炙於大詞家況夔笙之門，得其薰陶而卓然成家。於詩於文，也都冠絕儕輩，他駢文的典麗，古文的樸茂，而且手揮目送，下筆千言，不加雕琢，往往於談笑中成之，這一種造詣，半由於其先翁竹君先生為其遍訪碩學之士，師承有自，而泰半還是由於他的天賦聰明，始能博聞而強記。其次，他的為人，可愛處全在不拘繩墨的那一份名士風流，能豪飲、能談笑，一肚子的書，一肚子的當代名公鉅卿的遺聞軼事，說來莊諧雜出，使人聽而忘倦。

雖然我與叔雍同服務於上海報界，而他在《申報》，我在《時報》，但最初幾年中莫說沒有往來，甚至未謀一面。因為史量才從我鄉席子佩先生手裡接辦了《申報》，因《申報》兩字沒有在契約中規定一並讓渡，而史量才於接盤後仍以申報名義出版，為席子佩控於上海公共租界的會審公廨（俗稱新衙門），至被出票拘提。要了事，就得要錢，而那時的史量才，還是蠶桑學校教書的窮措大，接盤《申報》，還都仗羅掘與別人的幫忙，忽有意外鉅款的支付，自出於他能力之外。幸叔雍的尊人竹君先生與南通張季直出而援手，商之於蘇省當道（似為程德全），以省款支援，而事始得解。叔雍的進入《申報》服務，且甚得史量才的倚畀，是愛他的才氣，也所以報其先人的相助之德也。

記者團中萬綠一點紅

我與叔雍的訂交，還是民國十七年（一九二八）夏季的事。時國民革命軍於底定京滬以後，繼續北伐，師次濟南，而忽有日人殘殺我交涉員蔡公時的事件發生，即世稱五三慘案的是。案發而舉國憤慨，王儒堂（正廷）正為國府外交部長希望以日人蠻橫殘暴之行，昭告世界，以博取國際之同情，因於暗中策動上海新聞界發起組織國際新聞記者調查團，赴濟垣實地調查，揭露真相。經組成的調查團成員，中文報方面有四人為：《新聞報》的嚴獨鶴，《申報》的康通一，《時報》的我，而叔雍則代表《時事新報》（《申報》總經理張竹平代孔祥熙氏收購了英文《大陸報》與原為政學系的《時事新報》，又創辦了《大晚報》與申時電訊社，號稱四社，堅邀叔雍入《時事新報》助陣）。外國記者有英文《密勒士評論報》的鮑威爾（為現在美國的小鮑威爾之父），《法文報》女記者艷奴，與一名美國霍士影片公司之攝影師。一行七人，登虹口匯山碼頭之日輪大連丸，駛往青島，轉車赴濟。我與叔雍就在舷邊自道姓名而從此訂交了。

大連丸是一艘貨船，僅有寥寥幾個附乘搭客的艙位，就給我們這一行七人佔滿了，也就不啻是我們的專輪。因為船上沒有一個外客，使我們完全不必有所拘束。報人大都具有不羈的性格，更何況群少相聚，中間又夾雜了唯一女性的那位法國記者艷奴，法國的女性本來就不像中國女性那樣的故作矜持，而艷奴卻貌艷如花，而又有著放浪的嬌憨之態，她與我們同行，儼然是萬綠叢中一點紅也。有些我們言不及義的話，她儘管不懂得華語，而隨著我們笑得那麼爽朗、那麼自然，有了她，沿途就顯得頗有生氣。

大連丸上的一幕奇景

我說過叔雍是十足的名士派，他所給我的第一個印象就是如此。大連丸從上海出發，一路波平如鏡，我們總在傍晚時分，群聚在甲板上，欣賞燦爛的晚霞，享受襲袂的涼風。一天，正在倚欄閒談，而奇景出現了，表演這一幕奇景的就是叔雍。他整整齊齊的穿著一襲中國綢大褂，因為剛浴罷，竟然裡面未加寸縷，上海人稱外有長袍，而內無褻衣的叫作「雞籠罩」。這名辭說穿了不太雅馴，但是不失為最適當的妙喻。意思是長袍覆蓋於外，正如雞籠那樣的空自籠罩，其實內無他物，僅一白鳥鶴鶴而已。不料叔雍的隨便，而海風狡獪，卻故意弄人，一陣狂飈吹來，把他的長袍飄捲，於是鬚眉畢現，無所遁形，別人到也罷了，艷奴目睹到這一幕奇景，無心中看到了東方的白鶴，為之前仰後合，捧腹大笑。此後數十年中，我們還常常以鷄籠罩來對他作為取笑的話柄。在我所寫《黃埔江的濁浪》一書中，曾述其經過，叔雍讀後，寄我詩云：

碧海青天卅四年，艷奴蹤跡渺如煙。
依前老我鷄籠罩，每說風情尚惘然！

後加小註云：「雄白兄敘近代史事，涉及舊遊，彌滋棖觸，作絕句貽之，用誌鴻爪。」叔雍那一份毫無造作而饒有風趣的名士派，在在處處都會自然流露。

當年捧梅的兩枝健筆

其實，我與叔雍在相識之前，他珍重閣主的大名，在同業中早已久仰了。叔雍是一個梅迷，對梅蘭芳傾倒備至，文人中與齊如山等都為梅黨健將。大約在民國十三四年間，梅蘭芳到上海演戲，剛好《新聞報》的文公達也是個梅迷。公達表面上老成木訥，而骨子裡也是個風流人物，他有詠報館編輯的七律一首，其中頷聯云：「三點尚須編電報；五更猶未上陽臺！」言為心聲，當其伏案之時，竟涉非非之想，反映出了他辜負香衾事筆耕那一番無可如何的心境。梅蘭芳一到，這《申報》與《新聞報》的兩枝健筆，就排日在副刊上大捧特捧，劇評而外，兼及梅之起居註，為捧角文字中前所未有之盛。當時罵梅的也並非無人，風行一時而又尖酸刻薄的三日刊小型《晶報》，由揚州才子張丹斧主編，他卻毫不懂得憐香惜玉，對梅蘭芳盡力予以醜詆，先由綽號「小東洋」的黃文農畫了一幅漫畫，畫上一條望平街（按：為上海的報館集中地，申新兩報相近咫尺而望衡對宇），兩邊矗立著兩所巍峨大廈，各從窗口伸出了兩枝大筆，直伸到地上的兩隻大便桶裡，便桶上寫著「梅訊」兩字，這自然是在譏諷叔雍、公達的捧梅文字，因為上海有一句俗語，叫作「糞坑越掏越臭」，丹斧竟以小梅為糞坑，卻是謔而近虐的妙喻。丹斧罵人，本是一絕，那次梅蘭芳初次獻演新戲《霸王別姬》，他竟然每句嵌入「霸王別姬」四字顛之倒之，而詠成一律，事隔四十年，我只記得其中兩句云：「姬別『王霸』羞答答，別王『姬霸』硬錚錚。」「王霸」與「姬羈」自然都是諧音，尤讀之令人失笑。這次捧者自捧而罵者自罵，從此，珍重閣主之名，因在其「梅訊」中露出了無比的才華，也是使我對他未見面而先心折的一人。

以後，在戰時，中國銀行在滬復業，董事中有馮耿光（幼偉），有吳震修，有叔雍，也有我，他們這三位，不僅是捧梅的健將，而且是梅的死黨，馮耿光人稱馮二爺，在他於民初任中國銀行總裁時起，就以梅的保護人自居，靡日不相見，無事不代勞，以至人們有不慊於梅者，說他是「背上駝個馮耿光，胸前抱個福芝芳」（按：福為梅之繼室），雖不免有失忠厚，但可見兩人關係之深之密。中國銀行董事會中，有著如此三位的捧梅人物，對於行務倒像是虛應故事。形式上討論得告一段落之後，就是你一句，我一聲的畹華如何如何，與小玖兒（按：為梅之子葆玖）的如何如何了。他們談得吐沫橫飛，讚不絕口，叔雍更往往雜以笑語，興會淋漓。這個行務會議，也無異於變成了梅蘭芳的座談會，我看到他們的痴態可掬，也發現了他們都不失為是性情中人。

名公巨卿來往惜陰堂

過雨青先生所寫〈趙竹君趙叔雍父子傳奇故事〉中，有些恐怕是得之於傳聞之誤。如說叔雍曾經參加過「維新政府」，據我所知，絕不是事實。他的尊翁竹君先生，在清末民初，確是負重望的清流，他在佐張文襄的幕府時，如推行新政，如八國聯軍時代的東南自保公約，都是出於他的獻策。清帝的遜位，民國的肇建，也由竹君先生與張謇等在其滬寓「惜陰堂」中奔走促成。一時名公巨卿，才人志士，無不欲得其一言以為韋佩，與張季直的相契固無論矣。如中山先生、如黃克強等，都是當年惜陰堂中之常客，黃炎培、章士釗輩，還不過是他的門下士耳。

我與叔雍過從的四十年中，也常常到他的寓所造訪。這有革命歷史的惜陰堂，位於上海的南陽路，拓地甚寬，而建築並不閎偉，但是大廳中四壁琳瑯，懸的都是同光間名臣的聯幅，如曾左彭李等無一不備，稱謂上也備極親敬，使我印象留得最深的是為他司閽的老家人，還是其令先尊的舊僕，雖然一襲青布大褂，但方面鉅軀，規行矩步，一派大家的從者氣象。但是他脾氣並不好，你有禮，他也有禮，而遇到有些後進黨人，去惜陰堂訪問時對他有神情傲慢之處，他也會不客氣地說：「當年孫中山來看我家老爺，還不像你的那種氣派呢。」僕且如此，竹君先生生前的時望，也就可想而知了。

叔雍既然是一個十足的名士，本來就不宜於從政，他一生中大半的時間，為服務於《申報》與《時事新報》，但他並不是一個真正的雇員，史量才或許為了尊敬他的先翁之故，而叔雍還繼承著《申報》的部分股份，因此他在《申報》的地位，有一些客卿的性質。在戰前，我不知道他如過雨青先生所說曾經在葉恭綽的鐵道部長時代擔任過參事職務。但黃郛擔任華北政務委員會委員長時，確曾挽他去做過似乎是宣傳處長的位置。黃膺白在任陳英士的滬都督的參謀長時代，免不了與竹君先生有所接觸，既有此舊誼，叔雍也戀戀於故都的風物，他的應聘，還是出於客串的姿態。

不願三缺一 毅然入局

叔雍的參加汪政權，我也不以為是為了受他的姊丈楊杏佛受刺的刺激。淪陷區的慘狀是他目擊的，汪先生與竹君先生是故知，而與他又為吟友，公誼私情，又以他不羈的性格，遂以「社會上負有重望之人士」的身分而參與此歷史上悲劇的一幕。最初，汪先生在上海的機關報《中華日報》復刊時，他列名於評論委員之內，以後陳公博出任上海市長，由他擔任秘書長，書生從政，應付上有時會欠於圓滑，有人所求不遂，曾出之以中傷之舉。事實上他的出佐公博，秘書長的職務不過是表面的，公博建立電臺聯絡軍人，以與重慶暗通聲氣，知之而又助之者即為叔雍，所以公博在獄中所寫〈八年來的回憶〉一文中有這樣的記述：「軍事方面已和顧墨三（按：為顧祝同）和何柱國取得聯絡，大概今年五六月間（按：指一九四五年），有一位姓楊的湘人，名字我也忘記，可以問趙尊嶽（叔雍名），奉陶廣軍長之命來見我商量，軍事合作，共同剿共」云云，足證叔雍之參加汪政府，並不是由於私人的意氣。

叔雍於一九四四年冬，繼林栢生之後而出任宣傳部部長。那時汪氏已病逝日本，公博繼任主席，宣傳部在江府中是一個重要的機構，大約經公博與佛海共同商量而始決定任命的。那時我正在上海主持《平報》社務，有一天晚上，我到佛海上海居爾典路的滬寓，不料高朋滿座，陳公博、梅思平、岑心叔、羅君強與叔雍等都在，佛海忽然笑著對我說：「叔雍將主管各報社而出任宣傳部長，你們是老友，你要不要向他表示歡迎道賀之意？」我聽到了這一消息，覺得有些突然，而且我以為以詞人而擔負行政工作也並不相宜，因自恃為故交，我過去拉了他一下袖角，拖他到無人的屋角，輕聲的對他說：「不久將酒闌人散了，你又何苦於此時再來赴席？」叔雍卻還是他那一副吊兒郎當的習性，他卻笑笑說：「你比喻得並不確當，我是一向坐在桌邊在看人家打麻雀，此時八圈已畢，有人興猶未闌，而有人起身欲去，我作壁上觀久矣，三缺一，未免有傷陰隲，何苦敗人之興，就索性入局，以待終場。」他的一生行事，不論鉅細，也總是顯出他遊戲人間的名士行徑。

重重拂逆鬱鬱難自己

戰後，我與他相處最長的一個時期，是同繫在滬獄中，我先重睹天日，但也經過了九百十二天的時間。他雖然身處請室，南冠楚囚，而能不怨天、不尤人，還是輕輕鬆鬆、嘻嘻哈哈的那副老脾氣。我還記得當入獄的第一天，忽然間在鐵窗中受到了人生旅途上最大的慘遇，在別人都不免於又憤又怒，而他與長樂梁眾異氏，卻隔室聯吟，各疊韻成宮體詩十餘律，把一所陰森黑暗的監獄，描摩得像是朱欄碧瓦的皇宮，他之如此，所以自遣與自慰，亦欲使同難諸人的破涕為笑耳！

叔雍體氣素健，在冰雪交加中，照常以冷水沐浴，十天不近女色，即鼻頟如火，但人到底不是鐵打的，三年的縲絏之災，他詎能真是無動於中？身體上的折磨還在其次，而當時政府開了個惡例，對異己之徒，囚殺而外，還要一律籍沒其財產，連祖宗的廬墓、妻孥的粧奩，都不能免，這所饒有革命歷史的惜陰堂，也就難逃劫數。家人中對此不免有怨言，而叔雍事親素孝，更積鬱於心，鬱鬱難於自已，他在一九四九年來港以後，阮囊不裕，寄住友家，總也不無炎涼之感，加以平時縱飲過度，在一九五〇年時，就因胃部出血而經過割治。他在港終以為衣食所驅，先後為中華書局海外編譯局的編輯，與香港官立文商專校的講師，不幸家庭變故之接續而來，他的兩公子典堯與典舜，先後在大陸病逝，傷明之痛，人所難堪。其夫人王季淑女士本為閩省望族，其叔且為有清的狀元，夫人工詩善書法，伉儷之情本篤，不意為流言所傷，晚年竟至失和。在香港的幾年中，我漸漸發覺叔雍消失了從前瀟灑豁達的風格，遇小事輒發盛怒，我早已為他的健康在耽心。

學生時代的一樁妙事

寫到叔雍的狂放不羈，又使我記憶起他青年學生時代的一樁妙事，以為本文的結束。他受的大學教育是在上海的南洋公學（即交通大學的前身），有一年來了一位擔任法文的教授，剛剛留學回來，年輕得志，不但傲、而且嚴，同學中都對他不滿而莫如之何。這位教授本與叔雍有些親戚關係，而且還是中表行，叔雍竟然攘臂而起，對同學說：「還是看我來揍他。」一說做就做，那天這位教授來上課，叔雍就預先立在課室的門口，等他踏進教室，攻其不備，迎面就是一拳。這自然成為軒然大波，校長唐文治先生與他的尊人竹君先生也是好友，只得親自陪送叔雍回去，從此退學。在香港我曾以此事問過他，他笑而不言，但面上露出了忸怩之色。青年人的可愛處在這裡，而叔雍的可愛處也在這裡。

悼念一個故人而寫得如此其不夠莊重，正因為是我在悼念一個故人，而想寫得儘量真實。叔雍的家世，東南人士都耳熟能詳；叔雍的詩文，凡是儕輩中人，都交口稱佩，又何待我之辭費。我這樣寫叔雍，雖不能道出其生平行誼於萬一，也且寫得不夠生動，但我希望把叔雍這樣一個詩酒風流的真名士，能夠一直活在朋友們的心裡。

Do人物60　PC0592

人往風微
——趙叔雍回憶錄

原　　著／趙叔雍
主　　編／蔡登山
責任編輯／辛秉學
圖文排版／杜心怡
封面設計／蔡瑋筠

發 行 人／宋政坤
出　　版／獨立作家
地址：114 台北市內湖區瑞光路76巷65號1樓
電話：+886-2-2796-3638　傳真：+886-2-2796-1377
服務信箱：service@showwe.com.tw
http://www.bodbooks.com.tw
印　　製／秀威資訊科技股份有限公司
http://www.showwe.com.tw
展售門市／國家書店【松江門市】
地址：104 台北市中山區松江路209號1樓
電話：+886-2-2518-0207　傳真：+886-2-2518-0778
網路訂購／http://www.govbooks.com.tw
法律顧問／毛國樑　律師
總 經 銷／時報文化出版企業股份有限公司
地址：333桃園縣龜山鄉萬壽路2段351號
電話：+886-2-2306-6842

出版日期／2016年6月　BOD一版　**定價**／320元

|獨立|作家|
Independent Author

寫自己的故事，唱自己的歌

人往風微：趙叔雍回憶錄 / 趙叔雍原著；蔡登山主編. -- 一版. -- 臺北市：獨立作家,
2016.06
面； 公分. -- (Do人物；60)
BOD版
ISBN 978-986-93153-6-4(平裝)

1.趙叔雍 2.回憶錄 3.手稿

782.886 105009656

國家圖書館出版品預行編目

讀者回函卡

感謝您購買本書，為提升服務品質，請填妥以下資料，將讀者回函卡直接寄回或傳真本公司，收到您的寶貴意見後，我們會收藏記錄及檢討，謝謝！

如您需要了解本公司最新出版書目、購書優惠或企劃活動，歡迎您上網查詢或下載相關資料：http:// www.showwe.com.tw

您購買的書名：______________________________

出生日期：________年________月________日

學歷：□高中（含）以下　□大專　□研究所（含）以上

職業：□製造業　□金融業　□資訊業　□軍警　□傳播業　□自由業

□服務業　□公務員　□教職　□學生　□家管　□其它_____

購書地點：□網路書店　□實體書店　□書展　□郵購　□贈閱　□其他

您從何得知本書的消息？

□網路書店　□實體書店　□網路搜尋　□電子報　□書訊　□雜誌

□傳播媒體　□親友推薦　□網站推薦　□部落格　□其他__________

您對本書的評價：（請填代號　1.非常滿意　2.滿意　3.尚可　4.再改進）

封面設計____　版面編排____　內容____　文／譯筆____　價格____

讀完書後您覺得：

□很有收穫　□有收穫　□收穫不多　□沒收穫

對我們的建議：______________________________

____

____

____

請貼
郵票

11466
台北市內湖區瑞光路 76 巷 65 號 1 樓
獨立作家讀者服務部 收

（請沿線對折寄回，謝謝！）

姓　　名：＿＿＿＿＿＿＿＿　年齡：＿＿＿＿　性別：□女　□男

郵遞區號：□□□□□

地　　址：＿＿＿＿＿＿＿＿＿＿＿＿＿＿＿＿

聯絡電話：(日)＿＿＿＿＿＿＿＿(夜)＿＿＿＿＿＿＿＿

E-mail：＿＿＿＿＿＿＿＿＿＿＿＿＿＿＿＿